RÉVOLUTION

DE

L'AMERIQUE,

PAR

L'ABBÉ RAYNAL,

AUTEUR DE L'HISTOIRE PHILOSOPHI-
QUE ET POLITIQUE DES ETABLISSE-
MENS, ET DU COMMERCE DES EU-
ROPE'ENS DANS LES DEUX INDES.

A LONDRES,
Chez LOCKYER DAVIS, Holbourn,
& se vend
A LA HAYE,
Chez P. F. GOSSE, Libraire de la Cour,

M. D. CC. LXXXI.

AVERTISSEMENT

DE L'EDITEUR.

L'HISTOIRE philofophique & politique des établiffements & du commerce des Européens dans les deux Indes, par M. l'Abbé RAY-NAL, eft certainement un des plus beaux ouvrages qui ayent paru depuis la renaiffance des lettres, & peut-être le plus inftructif de ceux que nous connoiffons. C'eft une production, dont on n'avoit point de modèle; & qui pourra bien en fervir un jour. Le public fouhaitoit avec impatience ce fupplément, attendu depuis fi long temps, qui devoit traiter des démêlés de la Grande - Bretagne avec ses colonies. L'Editeur, dans le cours de ses voyages, a eu le singulier bonheur de se procurer une copie de cet excellent traité, qui n'a pas encore paru dans l'étranger. Il se flatte que l'illustre historien aura quelque indulgence pour un homme, qu'aucune considération n'auroit pu engager à donner, sans son aveu, cet écrit au public, s'il n'eut été intimément persuadé que les raisonnemens solides dont il est rempli, pourront dans ce moment de crise, être de quelque service à cette patrie qu'il aime & chérit avec une ardeur, qui ne le cède qu'à cette flamme d'un ordre supérieur, dont brule l'écrivain philantrope, pour la liberté

& pour le bonheur de toutes les nations de la terre. L'éditeur ne donne pas seulement ce brillant morçeau tel qu'il a été compofé en François ; il en publie auffi la traduction en Anglois, en faveur de ceux qui n'entendent pas la premiére de ces langues, ou de ceux auxquels elle n'eft pas très familiére. Il fouhaite que la copie ait quelque chofe de la chaleur, de la grace, de la force, & de la dignité de l'original.

Il doit avertir que l'auteur a evalué les monnoies en livres tournois. & qu'il eftime la livre fterling vingt deux livres dix fols.

On ofe croire qu'indépendamment de cet efprit de bienfaifance qui caractérife ce traité hiftorique & philofophique, la profondeur des vues politiques, le

jugement exquis, & même les
falutaires farcafmes dont il eft
affaifonné, ne fauroient être pré-
fentés plus à propos, à ceux pour
qui il eft principalement deftiné.
Il paroit aujourd'hui que le vœu
général de la nation , & même
fon attente, font, que le Parlement, avant la fin de fa féance,
prenne enfin, fi toutefois il en eft
encore temps, des mefures effi-
caces pour terminer les diffentions
dénaturées & honteufes qui ont
fi cruellement déchiré le fein de
la mére patrie & fes colonies ;
diffentions au milieu desquelles,
les peuples, (ainfi que l'a très
bien obfervé l'auteur d'un projet
d'accommodement fondé fur la
juftice & fur la générofité) fe
voyent dépouillés de part & d'autre de leurs plus chers avantages,

& où le facrifice forcé de leur félicité mutuelle, eft fuivi de la mifere, & du mépris des nations.

L'éditeur defire, avec une folicitude proportionnée à l'importance du fujet, que quelques uns de ceux de fes concitoyens qui cultivent les lettres, fous un gouvernement auffi favorable à la liberté de penfer, que l'eft celui de la Grande Brétagne, veuillent entrer dans la carriére, qui leur eft ouverte par l'Académie de Lyon, dans l'avertiffement qui fuit: il feroit au comble de fes vœux, fi la palme du génie étoit adjugée à l'un des écrivains de ce peuple, fi renommée pour fon éloquence, & qu'il fe flatte de voir bientôt reprendre fa fupériorité dans les armes, quand une fois les malheureufes querelles, qui l'ont divifé de fes colonies, auront fait place à un amour mieux entendu de la patrie. Il offre à tous ceux qui fe fentiront affez de forces pour traiter ce grand fujet, & qui n'auroient pas la facilité d'envoyer leurs compofitions à l'addreffe indiquée, de les faire paffer à Lyon, franc de port, pourvu qu'elles foyent remifes à fon libraire M. Lockyer Davis, avant le premier Décembre 1782.

A Londres, le 5 Mars 1781.

AVER-

AVERTISSEMENT

DE L'ACADÉMIE

DES SCIENCES BELLES LETTRES ET ARTS

DE LYON.

M. L'Abbe' Raynal, après avoir éclairé les hommes par ses écrits, a voulu leur procurer encore de nouvelles lumieres, en excitant l'émulation. Affocié aux travaux de l'Académie de Lyon, il a propofé à cette compagnie, d'annoncer deux fujets de Prix, dont il a fait le fonds, pour être diftribués par elle, aux Auteurs qu'elle jugera avoir le mieux rempli les vues du programme.

L'Académie a accepté cette offre avec reconnoiffance, & s'empreffe de publier les deux fujets.

Le premier sujet, proposé pour l'année 1782, se rapporte exclusivement aux manufactures & à la prospérité de la ville de Lyon ; & quoique dicté par les vues les plus judicieuses & les plus patriotiques, on se dispense de le donner ici, son objet étant purement local & borné, & n'ayant pas, comme celui du second, un rapport direct & immédiat avec les intérêts de l'humanité.

POUR L'ANNÉE 1783.

L'ACADEMIE propose le sujet qui suit.

La découverte de l'Amérique a-t-elle été utile ou nuisible au genre humain ?

S'il en eſt reſulté des biens, quels ſont les moyens de les conſerver & de les accroître?

Si elle a produit des maux, quels ſont les moyens d'y remédier?

Le Prix conſiſte en une ſomme de 1200 livres, qui ſera remiſe à l'auteur couronné, ou à ſon Fondé de procuration.

CONDITIONS.

Toutes perſonnes, de toute nation, pourront concourir pour ce Prix, excepté les Académiciens tutelaires & les vétérans ; les Aſſociés y feront admis. Les auteurs ne ſe feront connoître ni directement, ni indirectement; ils mettront une deviſe à la tête de l'ouvrage, & y joindront un billet cacheté qui contiendra la même devife leurs noms & les lieux de leur refidence.

Vu l'importance du fujet, l'Académie ne fixe aucunement l'étendue des mémoires, & fe contente d'inviter les auteurs à les écrire en François ou en Latin.

Aucun ouvrage ne fera admis au concours, paffé le premier Février 1783. L'Académie proclamera le Prix, la même année, dans fon affemblée publique, après la Fête de Saint Louis.

Les paquets feront addreffés, francs de port, à Lyon.

A M. LA TOURRETTE, *noies, Secretaire perpétuel pour la Claffe des Sciences, Rue Boiffac;* ou

A M. DE BORY, *Secretaire perpétuel pour la Claffe des Belles-Lettres, Rue Boiffac;* ou

A M. AIME' DE LA ROCHE,
Imprimeur-Libraire de l'Académie,
maison des balles de la Grenette.

Signé,

LA TOURRETTE,

Secretaire perpétuel.

A Lyon, le 5 Septembre 1780.

T A-

(13)

TABLE DES MATIERES.

Etat de détresse où se trouve l'Angleterre. 1763   1

L'Angleterre appelle ses colonies à son secours   3

L'Angleterre exige de ses colonies ce qu'il ne falloit que leur demander   13

Après avoir cédé, l'Angleterre veut être obéïe par ses colonies. Mesures qu'elles prennent pour lui resister.   18

Les colonies étoient en droit de se séparer de leur métropole, indépendamment de tout mécontentement   31

Quel étoit le parti qui convenoit à l'Angleterre, lorsqu'elle vit la fermentation de ses colonies.   57

L'Angleterre se détermine à reduire ses colonies par la force   73

Les colonies rompent les liens qui les unissoient à l'Angleterre, & s'en déclarent indépendantes   86

La guerre commence entre les Etats-Unis & l'Angleterre   97

Pourquoi

Pourquoi les Anglois ne font point parvenus
à foumettre les provinces confedé-
rées. 105

Pourquoi les provinces confédérées n'ont pas
réuffi à chaffer les Anglois du continent
Américain 116

La France reconnoit l'indépendance des
Etats - Unis. Cette démarche occafionne la guerre entre cette couronne
& celle d'Angleterre 128

L'Efpagne, n'ayant pas réuffi à réconcilier
l'Angleterre & la France, fe déclare
pour cette derniére puiffance 147

Quelle doit être la politique de la maifon de
Bourbon fi elle eft victoricufe 156

Quelle idée il faut fe former des treize provinces confédérées. 162

REVO-

RÉVOLUTION

DE

L'AMÉRIQUE.

Etat de
détreffe où
fe trouve
l'Angle-
terre.
1763,

L'ANGLETERRE fortoit d'une longue & fanglante guerre, où fes flottes avoient arboré le pavillon de la victoire fur toutes les mers, où une domination déjà trop vafte s'étoit accrue d'un territoire immenfe dans les deux Indes. Cet éclat pouvoit en impofer au-dehors : mais au-dedans la nation étoit réduite à gémir de fes acquifitions & de fes triomphes. Ecrâfée fous le fardeau d'une dette de 3,330,000,000 liv. qui lui coûtoit un intérêt de 111,577,490 liv., elle pouvoit à peine fuffire aux dépenfes les plus néceffaires avec cent trente millions qui lui reftoient de fon revenu ; & ce revenu, loin de pouvoir s'accroître, n'avoit pas une confiftance affurée.

B

Les terres reftoient chargées d'un impôt plus fort qu'il ne l'avoit jamais été dans un tems de paix. On avoit mis de nouvelles taxes fur les maifons & fur les fenêtres. Le contrôle des actes pefoit fur tous les biens fonds. Le vin, l'argenterie, les cartes, les dés à jouer : tout ce qui étoit regardé comme un objet de luxe ou d'amufement payoit plus qu'on ne l'auroit cru poffible. Pour fe dédommager du facrifice qu'il avoit fait à la confervation des citoyens, en prohibant les liqueurs fpiritueufes, le fifc s'étoit jetté fur la drèche, fur le cidre, fur la biére, fur toutes les boiffons à l'ufage du peuple. Les ports n'expédioient rien pour les pays étrangers, n'en recevoient rien qui ne fût accablé de droits à l'entrée & à la fortie. Les matières premières & la main-d'œuvre étoient montées à fi haut prix dans la Grande-Bretagne, que fes négocians fe voyoient fupplantés dans des contrées où ils n'avoient pas même éprouvé jufqu'alors de concurrence. Les bénéfices de fon commerce avec toutes les parties du globe, ne s'élevoient pas annuellement au-deſſus de cinquante ſix millions, & de cette balance il en falloit tirer trente-cinq pour les arrérages des ſommes placées par les étrangers dans ſes fonds publics.

Les reſſorts de l'état étoient forcés. Les muſcles du corps politique éprouvant à la fois une tenſion violente, étoient en quel-que manière ſortis de leur place. C'étoit un moment de criſe. Il falloit laiſſer reſpirer les peuples. On ne pouvoit pas les ſoulager par la diminution des dépenſes. Celles que faiſoit le gouvernement étoient néceſſaires, ſoit pour mettre en valeur les conquêtes achetées au prix de tant de ſang, au prix de tant d'argent; ſoit pour contenir la maiſon de Bourbon, aigrie par les humiliations de la dernière guerre, par les ſacrifices de la dernière paix. Au défaut d'autres moyens pour fixer, & la ſé-curité du préſent, & la proſpérité de l'avenir, on imagina d'appeller les colonies au ſecours de la métropole. Cette vue étoit ſage & juſte.

Les membres d'une confédération doi-vent toutes contribuer à ſa défenſe & à ſa ſplendeur, ſelon l'étendue de leurs facultés, puiſque ce n'eſt que par la force publique

L'An-gleterre appelle ſes colo-nies à ſo ſecours.

que chaque claſſe peut conſerver l'entière
& paiſible jouiſſance de ce qu'elle poſſède.
L'indigent y a ſans doute moins d'intérêt
que le riche ; mais il y a d'abord l'intérêt
de ſon repos , & enſuite celui de la conſer-
vation de la richeſſe nationale qu'il eſt ap-
pellé à partager par ſon induſtrie. Point
de principe ſocial plus évident ; & cependant point de faute politique plus commune
que ſon infraction. D'où peut naître cette
contradiction perpétuelle entre les lumières
& la conduite des gouvernements?

Du vice de la puiſſance légiſlative qui
exagère l'entretien de la force publique , &
uſurpe pour ſes fantaiſies une partie des
fonds deſtinées à cet entretien. L'or du com-
merçant , du laboureur, la ſubſiſtance du
pauvre, arrachés dans les campagnes &
dans les villes , au nom de l'état , proſti-
tués dans les cours à l'intérêt & au vice,
vont groſſir le faſte d'une troupe d'hommes
qui flattent , haïſſent & corrompent leur
maître , vont dans des mains plus viles encore payer le ſcandale & la honte de ſes
plaiſirs. On les prodigue pour un appareil

de grandeur, vaine décoration de ceux qui ne peuvent avoir de grandeur réelle, pour des fêtes, reffource de l'oifiveté impuif-fante au milieu des foins & des travaux que demanderoit un empire à gouverner. Une portion, il eft vrai, fe donne aux be-foins publics: mais l'incapacité diftraite les applique fans jugement comme fans écono-mie. L'autorité trompée, & qui ne daigne pas même faire un effort pour ceffer de l'être, fouffre dans l'impôt une diftribution injufte, une perception qui n'eft elle-même qu'une oppreffion de plus. Alors tout fen-timent patriotique s'éteint. Il s'établit une guerre entre le prince & les fujets. Ceux qui lèvent les revenus de l'état ne paroiffent plus que les ennemis du citoyen. Il défend fa fortune de l'impôt, comme il la défen-droit d'une invafion. Tout ce que la rufe peut dérober à la force, paroît un gain légitime : & les fujets corrompus par le gouvernement ufent de repréfailles envers un maître qui les pille. Ils ne s'apperçoivent pas que dans ce combat inégal, ils font eux-mêmes dupes & victimes. Le fifc infatiable & ardent, moins fatisfait de ce qu'on lui donne, qu'irrité de ce qu'on lui refufe, pourfuit avec cent mains ce qu'une feule ofe lui dérober. Il joint l'activité de la puiffance à celle de l'intérêt. Les vexations fe multiplient. Elles fe nomment châtiment & juftice ; & le monftre qui appauvrit tous ceux qu'il tourmente, rend grace au ciel du nombre des coupables qu'il punit, & des délits qui l'enrichiffent. Heureux le fouverain qui, pour prévenir tant d'abus, ne dédaigneroit pas de rendre à fon peuple un compte fidèle de l'emploi des fommes qu'il en exigeroit. Mais ce fouverain n'a point encore paru ; & fans doute il ne fe montrera pas. Cependant la dette du protégé envers l'état qui le protège, n'en eft pas moins néceffaire & facrée ; & aucun peuple ne l'a méconnue. Les colonies Angloifes de l'Amérique feptentrionale n'en avoient pas donné l'exemple ; & jamais le miniftère Britannique n'avoit eu recours à elles, fans en obtenir les fecours qu'il follicitoit.

Mais c'étoient des dons & non des taxes, puifque la conceffion étoit précédée de déli-

bérations libres & publiques dans les affemblées de chaque établiffement. La mère-
patrie s'étoit trouvée engagée dans des
guerres difpendieufes & cruelles. Des par-
lemens tumultueux & entreprenans avoient
troublé fa tranquillité. Elle avoit eu des
adminiftrateurs audacieux & corrompus,
malheureufement difpofés à élever l'autorité du trône fur la ruine de tous les pou-
voirs & de tous les droits du peuple. Les
révolutions s'étoient fuccédées, fans qu'on
eût fongé à attaquer un ufage affermi par
deux fiècles d'une heureufe expérience.

Les provinces du nouveau-monde étoient
accoutumées à regarder comme un droit
cette manière de fournir leur contingent en
hommes & en argent. Cette prétention eût-
elle été douteufe ou erronnée, la prudence
n'auroit pas permis de l'attaquer trop ouvertement. L'art de maintenir l'autorité eft un
art délicat qui demande plus de circonfpection qu'on ne penfe. Ceux qui gouvernent
font trop accoutumées peut-être à méprifer
les hommes. Ils les regardent trop comme
des efclaves courbés par la nature, tandis

qu'ils ne le font que par l'habitude. Si vous les chargez d'un nouveau poids, prenez garde qu'ils ne fe redreffent avec fureur. N'oubliez pas que le levier de la puiffance n'a d'autre appui que l'opinion; que la force de ceux qui gouvernent n'eft réellement que la force de ceux qui fe laiffent gouverner. N'avertiffez pas les peuples diftraits par (les travaux, ou endormis dans les chaînes, de lever les yeux jufqu'à des vérités trop redoutables pour vous; & quand ils obéiffent ne les faites pas fouvenir qu'ils ont le droit de commander. Dès que le moment de ce réveil terrible fera venu; dès qu'ils auront penfé qu'ils ne font pas faits pour leurs chefs, mais que leurs chefs font faits pour eux; dès qu'une fois ils auront pu fe rapprocher, s'entendre & prononcer d'une voix unanime: *Nous ne voulons pas de cette loi, cet ufage nous déplaît*; point de milieu, il vous faudra par une alternative inévitable, ou céder ou punir, être foibles ou tyrans; & votre autorité déformais déteftée ou avilie, quelque parti qu'elle prenne, n'aura plus à choifir de la part des peuples que l'infolence ouverte ou la haîne cachée.

Le premier devoir d'une adminiftration
fage eft donc de ménager les opinions domi-
nantes dans un pays: car les opinions font
la propriété la plus chère des peuples, propriété plus chère que leur fortune même. Elle
peut travailler fans doute à les rectifier par
les lumières, à les changer par la perfuafion,
fi elles diminuent les forces de l'état. Mais il
n'eft pas permis de les contrarier fans néceffité; & il n'y en eût jamais pour rejetter le
fyftême adopté par l'Amérique feptentrionale.

En effet, foit que les diverfes contrées
de ce nouveau-monde fuffent autorifées,
comme elles le fouhaitoient, à envoyer des
repréfentans au parlement, pour y délibérer
avec leur concitoyens fur les befoins de
tout l'empire Britannique; foit qu'elles con-
tinuaffent à examiner dans leur propre fein
ce qu'il leur convenoit d'accorder de contribution, il n'en pouvoit réfulter aucun
embarras pour le fifc. Dans le premier cas,
les réclamations de leurs députés auroient
été étouffées par la multitude; & ces provinces fe feroient vues légalement chargées
de la portion du fardeau qu'on auroit voulu

leur faire porter. Dans le fecond, le miniftère difpofant des dignités, des emplois, des
penfions, même des élections, n'auroit pas
éprouvé plus de réfiftance à fes volontés
dans cet autre hémifphère que dans le nôtre.

Cependant les maximes confacrées en
Amérique avoient une autre bafe que des
préjugés. Les peuples s'appuyoient de la
nature de leurs chartes : ils s'appuyoient
plus folidement encore fur le droit qu'a tout
citoyen Anglois de ne pouvoir être taxé
que de fon aveu ou de celui de fes repréfentans. Ce droit, qui devroit être celui de
tous les peuples, puifqu'il eft fondé fur le
code éternel de la raifon, remontoit par
fon origine jufqu'au règne d'Edouard premier. Depuis cette époque, l'Anglois ne le
perdit jamais de vue. Dans la paix, dans
la guerre, fous des rois féroces comme
fous des rois imbécilles, dans des momens
de fervitude comme dans des tems d'anarchie, il le réclama fans ceffe. On vit l'Anglois, fous les Tudors, abandonner fes
droits les plus précieux & livrer fa tête fans
défenfe à la hache des tyrans : mais jamais

renoncer au droit de s'impofer lui-même.
C'eft pour le défendre qu'il répandit des
flots de fang, qu'il détrôna ou punit fes
rois. Enfin, à la révolution de 1688, ce
droit fut folemnellement reconnu dans l'acte
célèbre où l'on vit la liberté, de la même
main dont elle chaffoit un roi defpote, tracer
les conditions du contrat entre une nation
& le nouveau fouverain qu'elle venoit de
choifir. Cette prérogative d'un peuple, bien
plus facrée, fans doute, que tant de droits
imaginaires que la fuperftition voulut fanc-
tifier dans des tyrans, fut à la fois pour
l'Angleterre, & l'inftrument & le rempart
de fa liberté. Elle penfoit, elle fentoit que
c'étoit la feule digue qui pût à jamais arrêter
le defpotifme; que le moment qui dépouille
un peuple de ce privilège, le condamne à l'oppreffion; que les fonds levés en apparence
pour fa fûreté, fervent tôt ou tard à fa ruine.
L'Anglois, en fondant fes colonies avoit
porté ces principes au-delà des mers; & les
mêmes idées s'étoient tranfmifes à fes enfans.

Ah! fi dans ces contrées même de l'Europe, où l'efclavage femble depuis long-tems

s'être affis au milieu des vices, des richeffes
& des arts; où le defpotifme des armées
foutient le defpotifme des cours; où l'homme, enchaîné dès fon berceau, garotté des
doubles liens & de la fuperftition & de la
politique n'a jamais refpiré l'air de la liberté :
fi dans ces contrées cependant, ceux qui ont
réfléchi une fois en leur vie au fort des
états, ne peuvent s'empêcher d'adopter les
maximes & d'envier la nation heureufe qui
a fu en faire le fondement & la bafe de fa
conftitution ; combien plus les Anglois,
enfans de l'Amérique, doivent y être attachés, eux qui ont recueilli cet héritage de
leurs pères ? Ils favent à quel prix leurs
ancêtres l'ont acheté. Le fol même qu'ils
habitent doit nourrir en eux un fentiment
favorable à ces idées. Difperfés dans un continent immenfe; libres comme la nature qui
les environne, parmi les rochers, les montagnes, les vaftes plaines de leurs déferts,
aux bords de ces forêts où tout eft encore
fauvage & où rien ne rappelle ni la fervitude
ni la tyrannie de l'homme, ils femblent recevoir de tous les objets phyfiques les leçons

de la liberté & de l'indépendance. D'ailleurs
ces peuples livrés prefque tous à l'agriculture
& au commerce, à des travaux utiles qui
élèvent & fortifient l'ame en donnant des
mœurs fimples, auffi éloignés jufqu'à préfent
de la richeffe que de la pauvreté, ne peuvent
être encore corrompus ni par l'excès du luxe,
ni par l'excès des befoins. C'eft dans cet état
fur-tout, que l'homme qui jouit de la liberté,
peut la maintenir & fe montrer jaloux de
défendre un droit héréditaire qui femble être
le garant le plus fûr de tous les autres. Telle
étoit la réfolution des Américains.

Soit que le miniftère Britannique ignorât
ces difpofitions; foit qu'il efpérât que fes
délégués réuffiroient à les changer, il faifit
le moment d'une paix glorieufe pour exiger
une contribution forcée de fes colonies.
Car, qu'on le remarque bien, la guerre
heureufe ou malheureufe fert toujours de
prétexte aux ufurpations des gouvernemens,
comme fi les chefs des nations belligérantes
s'y propofoient moins de vaincre leurs
ennemis que d'afervir leurs fujets. L'an 1764
vit éclorre ce fameux afte du timbre, qui

L'Angle terre exige de fe colonies ce qu'il n falloit qu leur demander.

défendoit d'admettre dans les tribunaux, tout titre qui n'auroit pas été écrit fur du papier marqué & vendu au profit du fifc.

Les provinces Angloifes du nord de l'A- mérique s'indignent toutes contre cette ufurpation de leurs droits les plus précieux & les plus facrés. D'un accord unanime, elles renoncent à la confommation de ce que leur fourniffoit la métropole, jufqu'à ce qu'elle ait retiré un bill illégal & op- preffeur. Les femmes, dont on pouvoit craindre la foibleffe, font les plus ardentes à faire le facrifice de ce qui fervoit à leur parure, & les hommes animés par cet exemple renoncent de leur côté à d'autres jouiffances. Beaucoup de cultivateurs quit- tent la charrue, pour fe former à l'induftrie dans des atteliers; & la laine, le lin, le coton groffiérement travaillés, font achetés au prix que coûtoient auparavant les toiles les plus fines, les plus belles étoffes.

Cette efpèce de confpiration étonne le gouvernement. Les clameurs des négocians dont les marchandifes font fans débouché, augmentent fon inquiétude. Les ennemis du

ministère appuient ces mécontentemens,
& l'acte du timbre est révoqué après deux
années d'un mouvement convulsif, qui dans
d'autres tems auroit allumé une guerre civile.

Mais le triomphe des colonies est de
courte durée. Le parlement, qui n'a reculé
qu'avec une extrême répugnance, veut, en
1767, que ce qu'il n'a pu obtenir de revenu
par le moyen du timbre, soit formé par le
verre, le plomb, le carton, les couleurs,
le papier peint & le thé qui font portés
d'Angleterre en Amérique. Les peuples du
continent septentrional ne font pas moins
révoltés de cette innovation que de la
première. Vainement leur dit-on que personne ne peut contester à la Grande-Bretagne
le pouvoir d'établir sur ses exportations les
droits qui conviennent à ses intérêts, puis-
qu'elle n'ôte point à ses établissemens, situées
au-delà des mers, la liberté de fabriquer
eux-mêmes les marchandises asservies aux
nouvelles taxes. Ce subterfuge paroît une
dérision a des hommes, qui, purement cultivateurs & réduits à n'avoir de communication qu'avec leur métropole, ne peuvent,

ni fe procurer par leur induftrie, ni par des liaifons étrangères, les objets qu'on vient d'impofer. Que ce foit dans l'ancien ou dans le nouveau-monde que ce tribut foit payé, ils comprennent que le nom ne change rien à la chofe, & que leur liberté ne feroit pas moins attaquée de cette manière que de celle qu'on a repouffée avec fuccès. Les colons voient clairement que le gouvernement veut les tromper ; & ils ne veulent pas l'être. Ces fophifmes politiques leur paroiffent ce qu'ils font, le mafque de la tyrannie.

Les nations en général font plus faites pour fentir que pour penfer. La plupart ne fe font jamais avifées d'analyfer la nature du pouvoir qui les gouverne. Elles obéiffent fans réflexion, & parce qu'elles ont l'habitude d'obéir. L'origine & l'objet des premières affociations nationales leur étant inconnus, toute réfiftance à leur volonté leur paroît un crime. C'eft principalement dans les états où les principes de la légiflation fe confondent avec ceux de la religion, que cet aveuglement eft ordinaire. L'habitude de croire favorife l'habitude de fouffrir. L'hom-

me ne renonce pas impunément à un feul
objet. Il femble que la nature fe venge de
celui qui ofe ainfi la dégrader. Cette difpofition fervile de l'ame s'étend à tout. Elle fe
fait un devoir de réfignation comme de
baffefle, & baifant toutes les chaines avec
refpect, tremble d'examiner fes loix comme
les dogmes. De même qu'une feule extrava-
gance dans les opinions religieufes fuffit pour
en faire adopter fans nombre à des efprits
une fois décus, une première ufurpation du
gouvernement ouvre la porte à toutes les
autres. Qui croit le plus, croit le moins ;
qui peut le plus, peut le moins. C'eft par
ce double abus de la crédulité & de l'autorité que toutes les abfurdités en matière de
culte & de politique fe font introduites dans
le monde pour écrâfer les hommes. Auffi le
premier fignal de la liberté chez les nations
les a portées à fecouer ces deux jougs à la
fois, & l'époque où l'efprit humain com-
menca à difcuter les abus de l'églife & du
clergé, eft celle où la raifon fentit enfin les
droits des peuples, & où le courage effaya
de pofer les premières bornes au defpotifme.

C

Les principes de tolérance & de liberté établis dans les colonies Angloiſes en avoient fait un peuple différent des autres peuples. On y ſavoit ce que c'étoit que la dignité de l'homme ; & le miniſtère Britannique la violant, il falloit néceſſairement qu'un peuple tout compoſé de citoyens ſe ſoulevât contre cet attentat.

Trois ans s'écoulèrent, ſans qu'aucune des taxes, qui bleſſoient ſi vivement les Américains fût perçue. C'étoit quelque choſe : mais ce n'étoit pas tout ce que prétendoient des hommes jaloux de leurs prérogatives. Ils vouloient une renonciation générale & formelle à ce qui avoit été illégalement ordonné ; & cette ſatisfaction leur fut accordée en 1770. On n'en excepta que le thé. Encore cette réſerve n'eut-elle pour objet que de pallier la honte d'abandonner entiérement la ſupériorité de la métropole ſur ſes colonies : car ce droit ne fut pas plus exigé que les autres ne l'avoient été.

Le miniſtère, trompé par ſes délégués, croyoit ſans doute les diſpoſitions changées dans le nouveau-monde, lorſqu'en 1773, il ordonna la perception de l'impôt ſur le thé.

prèsavoir
dé, l'An-
eterre
ut être
éïe par
s colo-
es.

A cette nouvelle, l'indignation est générale dans l'Amérique septentrionale. Dans quelques provinces, on arrête des remercimens pour les navigateurs qui avoient refusé de prendre sur leurs bords cette production. Dans d'autres, les négocians auxquels elle est adressée refusent de la recevoir. Ici, on déclare ennemi de la patrie quiconque osera la vendre. Là, on charge de la même flétrissure ceux qui en conserveront dans leurs magasins. Plusieurs contrées renoncent solemnellement à l'usage de cette boisson. Un plus grand nombre brûlent ce qui leur reste de cette feuille, jusqu'alors l'objet de leurs délices. Le thé expédié pour cette partie du globe étoit évalué cinq ou six millions : & il n'en fut pas débarqué une seule caisse. Boston fut le principal théâtre de ce soulevement. Ses habitans détruisirent dans le port même, trois cargaisons de thé qui arrivoient d'Europe.

Cette grande ville avoit toujours paru plus occupée de ses droits que le reste de l'Amérique. La moindre atteinte qu'on portoit à ses privilèges étoit repoussée sans menagement. Cette réſiſtance, quelquefois accompagnée des troubles, fatiguoit depuis quelques années le gouvernement. Le miniſtère qui avoit des vengeances à exercer ſaiſit trop vivement la circonſtance d'un excès blâmable; & il en demanda au parlement une punition ſévère.

Les gens modérés ſouhaitoient que la cité coupable fût ſeulement condamnée à un dédommagement proportionné au dégât commis dans ſa rade, & à l'amende qu'elle méritoit pour n'avoir pas puni cet acte de violence. On jugea cette peine trop légère; & le 13 Mars 1774, il fût porté un bill qui fermoit le port de Boſton, & qui défendoit d'y rien débarquer, d'y rien prendre.

La cour de Londres s'applaudiſſoit d'une loi ſi rigoureuſe, & ne doutoit pas qu'elle n'amenât les Boſtoniens à cet eſprit de ſervitude qu'on avoit travaillé vainement juſqu'alors à leur donner. Si, contre toute apparence, ces hommes hardis perſévéroient dans leurs prétentions, leurs voiſins profiteroient avec empreſſement de l'interdit jetté ſur le principal port de la province. Au pis aller, les autres colonies, depuis long-tems jaloufes de celle de Maſſachuſet, l'abandonneroit avec indifférence à ſon triſte ſort, & recueilleroit le commerce immenſe que ſes malheurs feroient refluer ſur elles. De cette manière feroit rompue l'union de ces divers établiſſemens, qui, depuis quelques années, avoit pris trop de conſiſtance, au gré de la métropole.

L'attente du miniſtère fût généralement trompée. Un acte de rigueur en impoſe quelquefois. Les peuples qui ont murmuré tant que l'orage ne faiſoit que gronder au loin, ſe ſoumettent ſouvent lorſqu'il vient à fondre ſur eux. C'eſt alors qu'ils pèſent les avantages & les déſavantages de la réſiſtance; qu'ils meſurent leurs forces & celles de leurs oppreſſeurs; qu'une terreur panique ſaiſit ceux qui ont tout à perdre & rien à gagner; qu'ils élèvent la voix, qu'ils intimident; qu'ils corrompent; que la diviſion s'élève entre les eſprits, & que la ſociété ſe partage entre deux factions qui s'irritent, en viennent quelquefois aux mains, & s'entr'égorgent ſous les yeux de leurs tyrans qui

voient couler ce fang avec une douce fatis-
faction. Mais les tyrans ne trouvent guére
de complices que chez les peuples déjà
corrompus. Ce font les vices qui leur donnent des alliés parmi ceux qu'ils oppriment.
C'eft la molleffe qui s'épouvante & n'ofe
faire l'échange de fon repos contre des
périls honorables. C'eft la vile ambition de
commander qui prête fes bras au defpotifme, & confent à être efclave pour dominer; à livrer un peuple pour partager fa
dépouille; à renoncer à l'honneur pour
obtenir des honneurs & des titres. C'eft fur-
tout l'indifférente & froide perfonnalité,
dernier vice d'un peuple, dernier crime des
gouvernemens, car c'eft toujours le gouvernement qui la fait naître: c'eft elle qui,
par principe, facrifie une nation à un homme, & le bonheur d'un fiècle & de la
poftérite à la jouiffance d'un jour & d'un
moment. Tous ces vices, fruits d'une fociété
opulente & voluptueufe, d'une fociété
vieillie & parvenue à fon dernier terme,
n'appartiennent point à des peuples agriculteurs & nouveaux. Les Américains demeu-

rèrent unis. L'exécution d'un bill qu'ils appelloient inhumain, barbare & meurtrier, ne fit que les affermir dans la résolution de soutenir leurs droits avec plus d'accord & de constance.

A Boston, les esprits s'exaltent de plus en plus. Le cri de la religion renforce celui de la liberté. Les temples retentissent des exhortations les plus violentes contre l'Angleterre. C'étoit sans doute un spectacle intéressant pour la philosophie de voir que dans les temples, aux pieds des autels, où tant de fois la superstition a béni les chaînes des peuples, où tant de fois les prêtres ont flatté les tyrans, la liberté élevôit sa voix pour défendre les privilèges d'une nation opprimée ; & si l'on peut croire que la divinité daigne abaisser ses regards sur les malheureuses querelles des hommes, elle aimoit mieux sans doute voir son sanctuaire consacré à cet usage, & des hymnes à la liberté devenir une partie du culte que lui adressoient ses ministres. Ces discours devoient produire un grand effet; & lorsqu'un peuple libre invoque le ciel contre l'oppreffion, il ne tarde pas à courir aux armes.

Les autres habitans de Maffachufet de-
daignent jufqu'à l'idée de tirer le moindre
avantage du défaftre de la capitale. Ils ne
fongent qu'à refferrer avec les Boftoniens
les liens qui les uniffent, difpofés à s'en-
févelir fous les ruines de leur commune
patrie, plutôt que de laiffer porter le moindre atteinte à des droits qu'ils ont appris à
chérir plus que leur vie.

Toutes les provinces s'attachent à la caufe
de Bofton ; & leur affection augmente à
proportion du malheur & des fouffrances de
cette ville infortunée. Coupables à peu de
chofe près d'une réfiftance fi févérement
punie, elles fentent bien que la vengeance
de la métropole contre elles n'eft que
différée ; & que toute la grace, dont peut fe
flatter la plus favorifée, fera d'être la dernière fur qui s'appéfantira un bras oppres-
feur.

Ces difpofitions à un foulèvement général font augmentées par l'acte contre Boston, qu'on voit circuler dans tout le continent fur du papier bordé de noir, emblême

du deuil de la liberté. Bientôt l'inquiétude
fe communique d'une maifon à l'autre. Les
citoyens fe raffemblent & converfent dans
les places publiques. Des écrits, plein d'é-
loquence & de vigueur, fortent de toutes
les preffes.

" Les févérités du parlement Britanni-
" que contre Bofton, dit-on dans ces im-
" primés, doivent faire trembler toutes les
" provinces Américaines. Il ne leur refte
" plus qu'à choifir entre le fer, le feu, les
" horreurs de la mort, & le joug d'une
" obéiffance lâche & fervile. La voilà enfin
" arrivée cette époque d'une révolution
" importante, dont l'événement, heureux
" ou funefte, fixera à jamais les regrets ou
" l'admiration de la poftérité.

" Serons-nous libres, ferons-nous efcla-
" ves ? C'eft de la folution de ce grand pro-
" blême que va dépendre, pour le préfent,
" le fort de trois millions d'hommes, &
" pour l'avenir la félicité ou la mifère de
" leurs innombrables defcendans.

" Réveillez - vous donc, ô Américains!
" jamais la région que vous habitez ne fut

C 5

« couverte d'auffi fombres nuages. On vous
« appelle rébelles, parce que vous ne
« voulez être taxés que par vos repréfen-
« tans. Juftifiez cette prétention par votre
« courage, ou fcellez-en la perte de tout
« votre fang.

« Il n'eft plus tems de delibérer. Lorf-
« que la main de l'oppreffeur travaille fans
« relâche à vous forger des chaînes, le
« filence feroit un crime & l'inaction une
« infamie. La confervation des droits de
« la république: voilà la loi fuprême. Celui
« là feroit le dernier des efclaves qui, dans
« le péril où fe trouve la liberté de l'A-
« mérique, ne feroit pas tous fes efforts
« pour la conferver. "

Cette difpofition étoit commune: mais
l'objet important, la chofe difficile, au milieu d'un tumulte général, étoit d'amener
un calme à la faveur duquel il fe formât
un concert de volonté qui donnât aux réfolutions de la dignité, de la force, de la
confiftance. C'eft ce concert qui, d'une multitude de parties éparfes & toutes faciles à
brifer, compofe un tout dont on ne vient

point à bout, fi l'on ne réuffit à le divi-
fer, ou par la force ou par la politique.
La nécéffité de ce grand enfemble fût faifie
par les provinces de New-Hampshire, de
Maffachufet, de Rhode-Ifland, de Con-
necticut, de New-York, de New-Jerfey,
des trois Comtés de la Delaware, de Maryland, de Penfilvanie, de Virginie, des
deux Carolines. Ces douze colonies, aux-
quelles fe joignit depuis la Georgie, en-
voyérent dans le mois de feptembre 1774, à
Philadelphie, des députés chargés de défendre leurs droits & leurs intérêts.

Les démêlés de la métropole avec fes
colonies prennent, à cette époque, une
importance qu'ils n'avoient pas eue. Ce ne
font plus quelques particuliers qui oppofent
une réfiftance opiniâtre à des maîtres impérieux. C'eft la lutte d'un corps contre un
autre corps, du congrès de l'Amérique contre
le parlement d'Angleterre, d'une nation contre une nation. Les réfolutions prifes de part
& d'autre échauffent de plus en plus les
efprits. L'animofité augmente. Tout efpoir
de conciliation s'évanouit. Des deux côtés

on aiguife le glaive. La Grande-Bretagne
envoie des troupes dans le nouveau-monde.
Cet autre hémifphère s'occupe de fa défenfe.
Les citoyens y deviennent foldats. Les ma-
tériaux de l'incendie s'amaffent, & bientôt
va fe former l'embrâfement.

Gage, commandant des troupes royales,
fait partir de Bofton, dans la nuit du 18
avril 1775, un détachement chargé de détruire un magafin d'armes & de munitions,
affemblé par les Américains à Concord. Ce
corps rencontre à Lexington quelques milices qu'il diffipe fans beaucoup d'efforts,
continue rapidemment fa marche, & exécute
les ordres dont il étoit porteur. Mais à peine
a-t-il repris le chemin de la capitale, qu'il fe
voit affailli, dans un efpace de quinze milles,
par une multitude furieufe, à laquelle il
donne; de laquelle il reçoit la mort. Le fang
Anglois, tant de fois verfé en Europe par
des mains Angloifes, arrofe à fon tour
l'Amérique, & la guerre civile eft engagée.
Sur le même champ de bataille font
livrés, les mois fuivans, des combats plus
réguliers. Warren devient une des victimes

de ces actions- meurtrières & dénaturées.
Le congrès honore fa cendre.

" Il n'eft point mort , dit l'orateur, il
" ne mourra pas cet excellent citoyen. Sa
" mémoire fera éternellement préfente,
" éternellement chère à tous les gens de
" bien, à tous ceux qui aimeront leur patrie.
" Dans le cours borné d'une vie de trente-
" trois ans, il avoit déployé les talens de
" l'homme d'état, les vertus d'un fenateur,
" l'ame du héros.

" Vous tous, qu'un même intérêt anime,
" approchez-vous du corps fanglant de
" Warren. Lavez de vos pleurs fes bleffures
" honorables : mais ne vous arrêtez pas trop
" long-tems auprès de ce cadavre inanimé.
" Retournez dans vos demeures pour y faire
" détefter le crime de la tyrannie. Qu'à
" cette peinture horrible, les cheveux de
" vos enfans fe dreffent fur leur têtes; que
" leur yeux s'enflamment; que leurs fronts
" deviennent menaçans; que leurs bouches
" expriment l'indignation. Alors, alors,
" vous leur donnerez des armes; & votre
" dernier vœu fera qu'ils reviennent vain-

« queurs, ou qu'ils finiſſent comme Warren. »

Les troubles qui agitoient Maſſachuſet ſe
répétoient dans les autres provinces. Les
ſcenes n'y étoient pas, à la vérité, ſan-
glantes, parce qu'il n'y avoit point de troupes Britanniques ; mais par-tout les Américains s'emparoient des forts, des armes, des
munitions : par-tout ils expulſoient leurs
chefs & les autres agens du gouvernement ;
par-tout ils maltraitoient ceux des habitans qui paroiſſoient favorables à la cauſe
de la métropole. Quelques hommes entreprenans portent l'audace juſqu'à s'emparer
des ouvrages anciennement élevés par les
François ſur le lac Champlain, entre la
Nouvelle-Angleterre & le Canada, juſqu'à
faire une irruption dans cette vaſte région.

Tandis que de ſimples particuliers ou
des diſtricts iſolés ſervent ſi utilement la
cauſe commune, le congrès s'occupe du
ſoin d'aſſembler une armée. Le commandement en eſt donné à George Waſhing-
ton, né en Virginie, & connu par quelques actions heureuſes dans les guerres pré-
cédentes. Auſſi-tôt le nouveau général vole

à Maſſachuſet, pouſſe de poſte en poſte les troupes royales, & les force à ſe renfermer dans Boſton. Six mille de ces vieux ſoldats, échappés au glaive, à la maladie, à toutes les misères, & preſſés par la faim ou par l'ennemi, s'embarquent le 24 mars 1776, avec une précipitation qui tient de la fuite. Ils vont chercher un aſyle dans la Nouvelle-Ecoſſe, reſtée, ainſi que la Floride, fidelle à ſes anciens maîtres.

Ces ſuccès fut le premier pas de l'Amérique Angloiſe vers la révolution. On commença à la deſirer hautement. On répandit de tous côtés les principes qui la juſtifioient. Ces principes, nés en Europe & particuliérement en Angleterre, avoient été tranſplantés en Amérique par la philoſophie On ſe ſervoit contre la métropole de ſes propres lumières, & l'on diſoit :

Il faut bien ſe donner de garde de confondre enſemble les ſociétés & le gouvernement. Pour les connoître, cherchons leur origine.

L'homme, jetté comme au haſard ſur ce globe, environné de tous les maux de la

Les colonies étoient en droit de ſéparer leur métropole, indépendamment de tout mécontentement

nature ; obligé fans ceffe de défendre & de
protéger fa vie contre les orages & les
tempêtes de l'air, contre les inondations des
eaux, contre les feux & les incendies des
volcans, contre l'intempérie des zones ou
brûlantes ou glacées, contre la ftérilité de
la terre qui lui refufe des alimens, ou fa
malheureufe fécondité qui fait germer fous
fes pas des poifons ; enfin, contre les dents
des bêtes féroces qui lui difputent fon féjour
& fa proie, & le combattant lui-même,
femblent vouloir fe rendre les dominatrices
de ce globe, dont il croit être le maître:
l'homme dans cet état, feul & abandonné à
lui-même, ne pouvoit rien pour fa confervation. Il a donc fallu qu'il fe réunît &
s'affociât avec fes femblables, pour mettre
en commun leur force & leur intelligence.
C'eft par cette réunion qu'il a triomphé de
tant de maux, qu'il a façonné ce globe à
fon ufage, contenu les fleuves, affervi les
mers, affuré fa fubfiftance, conquis une partie des animaux en les obligeant de le fervir,
& repouffé les autres loin de fon empire,
au fond des déferts ou des bois, où leur

nombre

nombre diminue de fiècle en fiècle. Ce qu'un homme feul n'auroit pu, les hommes l'ont exécuté de concert, & tous enfemble ils confervent leur ouvrage. Telle eft l'origine, tels font l'avantage & le but de la fociété.

Le gouvernement doit fa naiffance à la néceffité de prévenir & de réprimer les injures que les affociés avoient à craindre les uns de la part des autres. C'eft la fentinelle qui veille pour empêcher que les travaux communs ne foient troublés.

Ainfi la fociété eft née des befoins des hommes, le gouvernement eft né de leurs vices. La fociété tend toujours au bien; le gouvernement doit toujours tendre à réprimer le mal. La fociété eft la première; elle eft dans fon origine indépendante & libre; le gouvernement a été inftitué pour elle & n'eft que fon inftrument. C'eft à l'une à commander; c'eft à l'autre à la fervir. La fociété a créé la force publique; le gouvernement qui l'a reçue d'elle, doit la confacrer toute entière à fon ufage. Enfin, la fociété eft effentiellement bonne; le gouvernement, comme on le fait, peut être & n'eft que trop fouvent mauvais.   D

On a dit que nous étions tous nés égaux;
cela n'eſt pas. Que nous avions tous les
mêmes droits. J'ignore ce que c'eſt que des
droits, où il y a inégalité de talens ou de
force , & nulle garentie , nulle fanction.
Que la nature nous offroit à tous une même
demeure & les mêmes reſſources: cela n'eſt
pas. Que nous étions doués indiſtinctement
des mêmes moyens de défenſe : cela n'eſt
pas; & je ne ſais pas en quel ſens il peut
être vrai que nous jouiſſons des mêmes quali-
tés d'eſprit & de corps.

Il y a entre les hommes une inégalité ori-
ginelle à laquelle rien ne peut remédier. Il
faut qu'elle dure éternellement; & tout ce
qu'on peut obtenir de la meilleure légiſla-
tion, ce n'eſt pas de la détruire; c'eſt d'en
empêcher les abus.

Mais en partageant ſes enfans en marâtre;
en créant des enfans débiles & des enfans
forts, la nature n'a-t'elle pas formé elle-
même le germe de la tyrannie? Je ne crois
pas qu'on puiſſe le nier; ſur-tout ſi l'on
remonte à un tems antérieur à toute légiſla-
tion, tems où l'on verra l'homme auſſi
paſſionné, auſſi déraiſonnable que la brute.

Que les fondateurs des nations, que les législateurs se sont-ils donc proposé? D'obvier à tous les désastres de ce germe développé, par une sorte d'égalité artificielle, qui soumît sans exception les membres d'une société à une seule autorité impartiale. C'est un glaive qui se promène indistinctement sur toutes les têtes: mais ce glaive étoit idéal. Il falloit une main, un être physique qui le tînt.

Qu'en est-il résulté? C'est que l'histoire de l'homme civilisé n'est que l'histoire de sa misère. Toutes les pages en sont teintes de sang, les unes du sang des oppresseurs, les autres du sang des opprimés.

Sous ce point de vue, l'homme se montre plus méchant & plus malheureux que l'animal. Les différentes espéces d'animaux subsistent aux dépens les unes des autres: mais les sociétés des hommes n'ont pas cessé de s'attaquer. Dans une même société, il n'y a aucune condition qui ne dévore & qui ne soit dévorée, quelles qu'aient été ou que soient les formes du gouvernement ou d'égalité artificielle qu'on ait opposées à l'inégalité primitive ou naturelle.

Mais ces formes de gouvernement, du choix & du choix libre des premiers aieux, quelque fanction qu'elles puiffent avoir reçue, ou du ferment, ou du concert unanime, ou de leur permanence, font-elles obligatoires pour leurs defcendans ? Il n'en eft rien ; & il eft impoffible que vous Anglois, qui avez fubi fucceffivement tant de révolutions différentes dans votre conftitution politique, ballotés de la monarchie à la tyrannie, de la tyrannie à l'ariftocratie, de l'ariftocratie à la démocratie, de la démocratie à l'anarchie ; il eft impoffible que vous puiffiez, fans vous accufer de rebellion & de parjure, penfer autrement que moi.

Nous examinons les chofes en philofophes ; & l'on fait bien que ce ne font pas nos fpéculations qui amènent les troubles civils. Point de fujets plus patiens que nous. Je vais donc fuivre mon objet, fans en redouter les fuites. Si les peuples font heureux fous la forme de leur gouvernement, ils le garderont. S'ils font malheureux, ce ne feront ni vos opinions, ni les miennes ; ce fera l'impoffibilité de fouffrir davantage &

plus long-tems qui les déterminera à la changer, mouvement falutaire que l'oppreffeur appellera révolte, bien qu'il ne foit que l'exercice légitime d'un droit inaliénable & naturel de l'homme qu'on opprime, & même de l'homme qu'on n'opprime pas.

On veut, on choifit pour foi. On ne fauroit vouloir ni choifir pour un autre; & il feroit infenfé de vouloir, de choifir pour celui qui n'eft pas encore né, pour celui qui eft à des fiècles de fon exiftence. Point d'individu qui, mécontent de la forme du gouvernement de fon pays, n'en puiffe aller chercher ailleurs une meilleure. Point de fociété qui n'ait à changer la fienne, la même liberté qu'eurent fes ancêtres à l'adopter. Sur ce point, les fociétés en font comme au premier moment de leur civilifation. Sans quoi il y auroit un grand mal; que, dis-je, le plus grand des maux feroit fans reméde. Des millions d'hommes auroient été condamnés à un malheur fans fin. Concluez donc avec moi:

Qu'il n'eft nulle forme de gouvernement, dont la prérogative foit d'être immuable.

Nulle autorité politique qui créée hier ou il y a mille ans, ne puisse être abrogée dans dix ans ou demain.

Nulle puissance, si respectable, si sacrée qu'elle soit autorisée à regarder l'état comme sa propriété.

Quiconque pense autrement est un esclave. C'est un idolâtre de l'œuvre de ses mains.

Quiconque pense autrement est un insensé, qui se dévoue à une misère éternelle, qui y dévoue sa famille, ses enfans; les enfans de ses enfans, en accordant à ses ancêtres le droit de stipuler pour lui lorsqu'il n'étoit pas, & en s'arrogeant le droit de stipuler pour ses neveux qui ne sont pas encore.

Toute autorité dans ce monde, a commencé ou par le consentement des sujets, ou par la force du maître. Dans l'un & l'autre cas, elle peut finir légitimement. Rien ne prescrit pour la tyrannie contre la liberté.

La vérité de ces principes est d'autant plus essentielle, que, par sa nature, toute puissance tend au despotisme, chez la nation

même la plus ombrageuse, chez vous
Anglois ; oui chez vous.

J'ai entendu dire à un Whig, fanatique
peut-être ; mais il échappe quelquefois aux
infenfés des paroles d'un grand fens : je lui
ai entendu dire, que tant qu'on ne mene-
roit pas à Tyburn un mauvais fouverain,
ou du-moins un mauvais miniftre, avec
auffi peu de formalités, d'appareil, de tumulte & de furprife qu'on y conduit le plus
obfcur des malfaiteurs, la nation n'auroit
de fes droits, ni la jufte idée, ni la pleine
jouiffance qui convenoit à un peuple qui
ofoit fe croire ou s'appeller libre ; & cependant une adminiftration de votre aveu même,
ignorante, corrompue, audacieufe vous pré-
cipite impérieufement & impunément dans
les abymes les plus profonds !

La quantité de vos efpéces circulantes
eft peu confidérable. Vous êtes accablés de
papiers. Vous en avez fous toutes fortes de
dénominations. Tout l'or de l'Europe, ra-
maffé dans votre tréfor, fuffiroit à peine
à l'acquit de votre dette nationale. On ne
fait par quel incroyable preftige cette mon-

noie fictive fe foutient. L'événement le plus
frivole peut du foir au matin la jetter dans
le décri. Il ne faut qu'une alarme pour
amener une banqueroute fubite. Les fuites
affreufes qu'auroit ce manque de foi, font
au-deffus de notre imagination. Et voilà
l'inftant qu'on vous défigne pour vous faire
déclarer à vos colonies, c'eft-à-dire, pour
vous fufciter à vous-même une guerre injufte, infenfée, ruineufe. Que deviendrez-
vous, lorfqu'une branche importante de
votre commerce fera détruite; lorfque vous
aurez perdu un tiers de vos poffeffions;
lorfque vous aurez maffacré un ou deux
millions de vos compatriotes; lorfque vos
forces feront épuifées, vos marchands ruinés, vos manufacturiers réduits à mourir
de faim; lorfque votre dette fera augmentée
& votre revenu diminué ? Prenez-y garde,
le fang des Américains retombera tôt ou
tard fur vos têtes. Son effufion fera vengée
par vos propres mains; & vous touchez au
moment.

Mais, dites-vous, *ce font des rébelles....*
Des rébelles ! & pourquoi ? parce qu'ils

ils veulent pas être vos efclaves. Un peuple
foumis à la volonté d'un autre peuple qui
peut difpofer à fon gré de fon gouvernement, de fes loix, de fon commerce; l'impofer comme il lui plaît; limiter fon induftrie
& l'enchaîner par des prohibitions arbitraires
eft ferf, oui il eft ferf; & fa fervitude eft
pire que celle qu'il fubiroit fous un tyran.
On fe délivre de l'oppreffion d'un tyran ou
par l'expulfion ou par la mort. Vous avez
fait l'un & l'autre. Mais une nation, on ne
la tue point, on ne la chaffe point. On ne
peut attendre la liberté que d'une rupture,
dont la fuite eft la ruine de l'une ou l'autre
nation, & quelquefois de toutes les deux.
Le tyran eft un monftre à une feule tête,
qu'on peut abattre d'un feul coup. La nation
defpote eft un hydre à mille têtes qui ne
peuvent être coupées que par mille glaives
levés à la fois. Le crime de l'oppreffion
exercée par un tyran raffemble toute l'indignation fur lui feul. Le même crime commis par une nombreufe fociété, en difperfe
l'horreur & la honte fur une multitude qui
ne rougit jamais. C'eft le forfait de tous,

ee n'eft le forfait de perfonne ; & le fentiment du défefpoir égaré ne fait où fe porter.

Mais fe font nos fujets. . . . Vos fujets !
pas plus que les habitans de la province
de Galles, ne font les fujets du comté de
Lancaftre. L'autorité d'une nation fur une
autre, ne peut être fondée que fur la conquête, le confentement général, ou des
conditions propofées & acceptées. La conquête ne lie pas plus que le vol. Le confentement des aieux ne peut obliger les defcendans ; & il n'y a point de condition qui ne
foit exclufive du facrifice de la liberté. La
liberté ne s'échange pour rien, parce que
rien n'eft d'un prix qui lui foit comparable.
C'eft le difcours que vous avez tenu à vos
tyrans, & nous vous le tenons pour vos
colons.

La terre qu'ils occupent eft la nôtre..... La
vôtre ! c'eft ainfi que vous l'appellez, parce
que vous l'avez envahie. Mais foit. La charte
de conceffion ne vous oblige-t-elle pas à
traiter les Américains en compatriotes ? Le
faites-vous ? Mais il s'agit bien ici de con-
ceffions de chartes, qui accordent ce dont

on n'eſt pas le maître, ce qu'en conſéquence on n'a pas le droit d'accorder à une poignée d'hommes foibles & forcés par les circonſtances de recevoir en gratification ce qui leur appartient de droit naturel. Et puis les neveux qui vivent aujourd'hui ont-ils été appellés à un pacte ſigné par leurs ancêtres? Ou confeſſez la vérité de ce principe, ou rappellez les deſcendans de Jacques. Quel droit avez-vous éu de le chaſſer, que nous n'ayons de nous ſéparer de vous, vous diſent les Américains; & qu'avez-vous à leur répondre?

Ce ſont des ingrats, nous ſommes leurs fondateurs; nous avons été leurs défenſeurs; nous nous ſommes endettés pour eux... Dites pour vous autant & plus que pour eux. Si vous avez pris leur défenſe, c'eſt comme vous auriez pris celle du ſultan de Conſtantinople, ſi votre ambition ou votre intérêt l'euſſent exigé. Mais ne ſe ſont-ils pas acquittés en vous livrant leurs productions; en recevant excluſivement vos marchandiſes au prix exorbitant qu'il vous a plu d'y mettre; en s'aſſujettiſſant aux prohibitions qui gênoient leur

induftrie, aux reftrictions dont vous avez
grevé leurs propriétés? Ne vous ont-ils pas
fecourus? Ne fe font-ils pas endettés pour
vous? N'ont-ils pas pris les armes & com-
battu pour vous? Lorfque vous leur avez
adreffé vos demandes, comme il convient
d'en ufer avec des hommes libres, n'y ont-ils
pas accédé? Quand en avez-vous éprouvé
des refus, fi ce n'eft lorfque leur appuyant la
baïonnette fur la poitrine, vous leur avez dit :
vos tréfors ou la vie; mourez ou foyez mes efclaves.
Quoi! parce que vous avez été bienfaifans,
vous avez le droit d'être oppreffeurs? Quoi!
les nations auffi fe feront-elles de la reconnoiffance un titre barbare pour avilir & fou-
ler aux pieds ceux qui ont eu le malheur de
recevoir leurs bienfaits? Ah! les particuliers
peut-être, quoique ce ne foit point un devoir,
peuvent dans des bienfaiteurs fupporter des
tyrans. Pour eux, il eft beau, il eft magnanime fans doute de confentir à être malheureux pour n'être point ingrats. Mais la
morale des nations eft différente. Le bonheur
public eft la première loi, comme le premier
devoir. La première obligation de ces grands

corps eſt avec eux-mêmes. Ils doivent avant tout liberté & juſtice aux individus qui les compoſent. Chaque enfant qui naît dans l'état, chaque nouveau citoyen qui vient reſpirer l'air de la patrie qu'il s'eſt faite, ou que lui a donnée la nature, a droit au plus grand bonheur dont il puiſſe jouir. Toute obligation qui ne peut ſe concilier avec celle-là eſt rompue. Toute réclamation contraire eſt un attentat à ſes droits. Et que lui importe qu'on ait obligé ces ancêtres, s'il eſt deſtiné lui-même à être victime? De quel droit peut-on exiger qu'il paie cette dette uſuraire de bienfaits qu'il n'a pas même éprouvés? Non, non. Vouloir s'armer d'un pareil titre contre une nation entière & ſa poſtérité, c'eſt renverſer toutes les idées d'ordre & de politique; c'eſt trahir toutes les loix de la morale, en invoquant ſon nom. Que n'avez-vous pas fait pour Hanovre? Commandez-vous à Hanovre? Toutes les républiques de la Grèce furent liées par des ſervices réciproques : aucun exigea-t-elle en reconnoiſſance le droit de diſpoſer de l'adminiſtration de la république obligée?

Notre honneur est engagée..... Dites celui
de vos mauvais administrateurs, & non le
vôtre. En quoi consiste le véritable honneur
de celui qui s'est trompé? Est-ce à persister
dans son erreur où à la reconnoître? Celui
qui revient au sentiment de la justice, a-t-il
à rougir? Anglois, vous vous êtes trop hatés.
Que n'attendiez-vous que la richesse eût
corrompu les Américains, comme vous l'êtes?
Alors, ils n'auroient pas fait plus de cas de
leur liberté, que vous de la vôtre. Alors,
subjugués par l'opulence, vos armes seroient
devenues inutiles. Mais quel instant avez-
vous pris pour les attaquer? Celui où ce
qu'ils avoient à perdre, la liberté, ne pouvoit être balancé par ce qu'ils avoient à
conserver.

Mais plus tard ils seroient devenus plus nom-
breux. ..... J'en conviens. Qu'avez-vous
donc tenté? L'asservissement d'un peuple que
le tems affranchira malgré vous. Dans vingt,
dans trente ans, le souvenir de vos atrocités
sera récent; & le fruit vous en sera ravi.
Alors, il ne vous restera que la honte & les
remords. Il est un décret de la nature que

vous ne changerez pas : c'est que les grandes
masses donnent la loi aux petites. Mais, ré-
pondez-moi, si alors les Américains entre-
prenoient sur la Grande-Bretagne ce que
vous avez entrepris aujourd'hui sur eux:
que diriez-vous? Précisément ce qu'ils vous
disent en ce moment. Pourquoi des motifs qui vous touchent peu dans leur bou-
che, vous paroîtroient-ils plus solides dans
la vôtre?

*Ils ne veulent ni obéir à notre parlement, ni
adopter nos constitutions.* . Les ont-ils faites?
Peuvent-ils les changer?

*. . Nous y obéissons bien, sans avoir eu dans
le passé, & sans avoir pour le présent aucune
influence sur elles. . . . .* C'est-à-dire que vous
êtes des esclaves, & que vous ne pouvez
pas souffrir des hommes libres. Cependant,
ne confondez point la position des Américains avec la vôtre. Vous avez des repré-
sentans, & ils n'en ont point. Vous avez
des voix qui parlent pour vous, & personne
ne stipule pour eux. Si les voix sont achetées
& vendues, c'est une excellente raison pour
qu'ils dédaignent ce frivole avantage.

Ils veulent être independans de nous.... Ne l'êtes-vous pas d'eux.

Jamais ils ne pourront se soutenir sans nous.... Si cela est, demeurez tranquilles. La nécessité vous les ramenera.

Et si nous ne pouvions subsister sans eux... Ce seroit un grand malheur : mais les égorger pour vous en tirer, c'est un singulier expédient.

C'est pour leur intérêt, c'est pour leur bien que nous sévissent contre eux, comme on sévit contre des enfans insensés... Leur intérêt ! leur bien ! Et qui vous a constitués juges de ces deux objets qui les touchent de si près & qu'ils doivent connoître mieux que vous ? S'il arrivoit qu'un citoyen s'introduisît de vive force dans la maison d'un autre, par la raison qu'il est lui homme de beaucoup de sens, & que personne n'est plus en état de maintenir le bon ordre & la paix chez son voisin, ne seroit on pas en droit de le prier de se retirer & de se mêler de ses propres affaires ? Et si les affaires de cet officieux hypocrite étoient très-mal rangées ? Si ce n'étoit qu'un ambitieux qui sous prétexte de regit voulût usurper ?

per ? S'il ne cachoit fous le mafque de la bienveilance que des vues pleines d'injuftice, telles, par exemple que de fe tirer de preffe aux dépens de fon concitoyen ?

Nous fommes la mère patrie. . . . . Quoi, toujours les noms les plus faints pour fervir de voilé à l'ambition & à l'intérêt ! La mère-patrie ; Remplilffez-en donc les devoirs. Au refte, la colonie eft formée de différentes nations, entre lefquelles les unes vous accorderont, les autres vous refuferont ce titre ; & toutes vous diront à la fois : il y a un tems où l'autorité des péres & des méres fur leurs enfans ceffe ; & ce tems eft celui où les enfans peuvent fe pourvoir par eux-mêmes. Quel terme avez-vous fixé à notre émancipation ? Soyez de bonne foi, & vous avouerez que vous vous étiez promis de nous tenir fous une tutèle qui n'auroit pas de fin. Si du-moins cette tutèle ne fe changeoit pas pour nous en une contrainte infupportable ; fi notre avantage n'étoit pas fans ceffe facrifié au vôtre ; fi nous n'avions pas à fouffrir une foule d'oppreffions de détail de la part des gouverneurs,

E

des juges, des gens de finance, des gens
de guerre que vous nous envoyez: fi la plu,
part, en arrivant dans nos climats, ne
nous apportoient pas des caractères avilis,
des fortunes rüinées, des mains avides &
l'infolence de tyrans fubalternes, qui, fati-
gués dans leur patrie d'obéir à des loix,
viennent fe dédommager dans un nouveau,
monde, en y exerçant une puiffance trop
fouvent arbitraire. Vous êtes la mère-patrie:
mais loin d'encourager nos progrès, vous
les redoutez, vous enchaînez nos bras,
vous étouffez nos forces naiffantes. La nature, en nous favorifant, trompe vos vœux
fecrets; ou plutôt, vous voudriez que nous
reftaffions dans une éternelle enfance pour
tout ce qui peut nous être utile, & que
cependant nous fuffions des efclaves robuftes
pour vous fervir & fournir fans ceffe à votre avidité de nouvelles fources de richeffes.
Eft-ce donc là une mère, eft-ce une patrie?
Ah, dans les forêts qui nous environnent,
la nature a donné un inftinct plus doux à
la bête féroce qui, devenue mère, ne
dévore pas du-moins ceux qu'elle a fait
naître.

En souscrivant à toutes leurs prétentions,
bientôt ils seroient plus heureux que nous.... Et
pourquoi non? Si vous êtes corrompus,
faut-il qu'ils se corrompent? Si vous pen-
chez vers l'esclavage, faut-il aussi qu'ils vous
imitent? S'ils vous avoient pour maîtres,
pourquoi ne conféreriez-vous pas la propriété de leur contrée à une autre puissance,
à votre souverain? Pourquoi ne le ren-
driez-vous pas leur despote, comme vous
l'avez déclaré par un acte solemnel despote du Canada? Faudroit-il alors qu'ils
ratifiassent cette extravagante concession?
Et quand ils l'auroient ratifiée, faudroit-il
qu'ils obéissent au souverain que vous leur
auriez donné, & qu'ils prissent les armes
contre vous s'il l'ordonnoit? Le Roi d'Angleterre a le pouvoir négatif. On n'y sau-
roit publier une loi sans son consentement.
Ce pouvoir dont vous éprouvez chaque
jour l'inconvénient, pourquoi les Américains le lui accorderoient-ils chez eux,
Seroit-ce pour l'en dépouiller un jour, les
armes à la main, comme il vous arrivera,
si votre gouvernement se perfectionne? Quel

avantage trouvez-vous à les affujettir à une conftitution vicieufe?

Vicieufe ou non; cette conftitution, nous l'avons; & elle doit être généralement reconnue & acceptée par tout ce qui porte le nom Anglois: fans quoi chacune de nos provinces fe gouvernant à fa manière, ayant fes loix & prétendant à l'indépendance, nous ceffons de former un corps national, & nous ne fommes plus qu'un amas de petites républiques ifolées, divifées, fans ceffe foulevées les unes contre les autres, & faciles à envahir par un ennemi commun. Le Philippe adroit & puiffant, capable de tenter cette entreprife, nous l'avons à notre porte. . . . . . .

S'il eft à votre porte, il eft loin des Américains. Un privilège qui peut avoir quelque inconvénient pour vous, n'en eft pas moins un privilège. Mais féparées de la Grande-Bretagne par des mers immenfes, que vous importe que vos colonies acceptent ou rejettent vos conftitutions? Qu'eft-ce que cela fait pour ou contre votre force, pour ou contre votre fécurité? Cette unité, dont vous exagérez les avantages, n'eft encore qu'un vain prétexte. Vous leur objectez vos loix lorfqu'ils en font vexés; vous les foulez aux pieds lorfqu'elles réclament en leur faveur. Vous vous taxez vous-mêmes, & vous voulez les taxer. Lorsqu'on porte la moindre atteinte à ce privilège, vous pouffez des cris de fureur, vous prenez les armes, vous êtes prêts à vous faire égorger; & vous portez le poignard fur la gorge de votre concitoyen, pour le contraindre à y renoncer. Vos ports font ouverts à toutes les nations; & vous leur fermez les ports de vos colons. Vos marchandifes fe rendent par-tout où il vous plaît; & les leurs font forcées de paffer chez vous. Vous manufacturez; & vous ne voulez pas qu'ils manufacturent. Ils ont des peaux, ils ont des fers; & ces peaux, ces fers, il faut qu'ils vous les livrent bruts. Ce que vous acquérez à bas prix, il faut qu'ils l'achètent de vous au prix qu'y met votre rapacité. Vous les immolez à vos commerçans; & parce que votre compagnie des Indes périclitoit, il falloit que les Américains réparaffent fes pertes. Et vous

les appellez vos concitoyens; & c'eft ainfi
que vous les invitez à recevoir votre conftitution. Allez, allez. Cette unité, cette
ligue qui vous femble fi néceffaire n'eft que
celles des animaux imbécilles de la fable,
entre lefquels vous vous êtes réfervé le rôle
du lion.

Peut-être ne vous êtes-vous laiffés en-
traîner à remplir de fang & de ravages
le nouveau-monde que par un faux point
d'honneur. Nous aimons à nous perfuader
que tant de forfaits n'ont pas été les con-
féquences d'un projet froidement concerté.
On vous avoit dit que les Américains n'é-
toient qu'un vil troupeau de lâches que la
moindre menace ameneroit tremblans &
confternés à tout ce qu'il vous plairoit d'exiger. A la place des hommes pufillanimes
qu'on vous avoit peints & promis, vous
rencontrez de braves gens, de véritables
Anglois, des concitoyens dignes de vous.
Etoit-ce une raifon de vous irriter? Quoi!
vos aïeux ont admiré le Batave fecouant
le joug Efpagnol; & ce joug, vous feriez
étonnés, vous leurs defcendans, que vos

compatriotes , vos frères , ceux qui fen-
toient vôtre fang circuler dans leurs veines
euffent préféré d'en arrofer la terre & de
mourir plutôt que de vivre efclaves? Un
étranger, fur lequel vous euffiez formé les
mêmes prétentions, vous auroit défarmé,
fi, vous montrant fa poitrine nue, il vous
eût dit: *enfonce le poignard, ou laiffe-moi
libre*; & vous égorgez votre frère; & vous
l'égorgez fans remords parce qu'il eft votre
frère! Anglois! quoi de plus ignominieux
que la férocité de l'homme, fier de fa liberté
& attentant à la liberté d'autrui. Voulez-
vous que nous croyions que le plus grand
ennemi de là liberté, c'eft l'homme libre?
Hélas! nous n'y fommes que trop difpofés.
Ennemis des rois, vous en avez la morgue.
Ennemis de la prérogative royale, vous
la portez par-tout. Partout vous vous mon-
trez des tyrans. Eh bien, tyrans des nations & de vos colonies, fi vous êtes les
plus forts, c'eft que le ciel aura fermé l'o-
reille aux vœux qui s'élèvent de toutes les
contrées de la terre.

Puifque les mers n'ont pas englouti vos

fiers fatellites, dites-moi ce qu'ils deviendront s'il s'élève dans le nouveau-monde un homme éloquent qui promette le falut éternel à ceux qui périront les armes à la main martyrs de la liberté. Américains! qu'on voie inceffamment vos prêtres dans leurs chaires, les mains chargées de couronnes, & vous montrant les cieux ouverts. Prêtres du nouveau-monde, il en eft tems; expiez l'ancien fanatifme qui a défolé & ravagé l'Amérique, par un fanatifme plus heureux, né de la politique & de la liberté. Non, vous ne tromperez pas vos concitoyens. Dieu, qui eft le principe de la juftice & de l'ordre, hait les tyrans. Dieu a imprimé au cœur de l'homme cet amour facré de la liberté, il ne veut pas que la fervitude aviliffe & défigure fon plus bel ouvrage. Si l'apothéofe eft due à l'homme, c'eft à celui fans doute qui combat & meurt pour fon pays. Mettez fon image dans vos temples, approchez-la des autels. Ce fera le culte de la patrie. Formez un calendrier politique & religieux, où chaque jour foit marqué par le nom de quelqu'un de ces

héros qui aura verſé ſon ſang pour vous
rendre libres. Votre poſtérité les lira un jour
avec un ſaint reſpect: elle dira, voilà ceux
qui ont affranchi la moitié d'un monde, &
qui, travaillant à notre bonheur quand
nous n'étions pas encore, ont empêché qu'à
notre naiſſance nous entendiſſions des chaînes
retentir ſur notre berceau.

Lorſque la cauſe de vos colonies étoit
débattue dans les aſſemblées de vos chambres, nous avons entendu d'excellens plai-
doyers prononcés en leur faveur. Mais celui
qu'il convenoit peut-être de vous addreſſer;
le voici.

> « Je ne vous parlerai point, Meſſieurs,
> « de la juſtice ou de l'injuſtice de vos
> « prétentions. Je ne ſuis pas aſſez étranger
> « aux affaires publiques pour ignorer que
> « cet examen préliminaire & ſacré dans
> « toutes les autres circonſtances de la vie,
> « ſeroit déplacé & ridicule dans celle-ci. Je
> « ne rechercherai point quel eſpoir vous
> « pouvez avoir de réuſſir, & ſi vous ſerez
> « les plus forts, quoique ce ſujet vous
> « parût peut-être de quelque importance,

Quel é-
toit le par-
ti qui con-
venoit à l'
Angleter-
re, lorſ-
qu'elle v
la fermen-
tation de
ſes colo-
nies.

" & que je puſſe vraiſemblablement m'en
" promettre votre attention. Je ferai plus.
" Je ne comparerai point les avantages de
" votre ſituation ſi elle réuſſit, avec les ſuites
" qu'elle aura ſi vous manquez de ſuccès.
" Je ne vous demanderai point juſqu'à quand
" vous avez réſolu de ſervir vos ennemis.
" Mais je ſuppoſerai tout d'un coup que
" vous avez réduit vos colonies au degré
" de ſervitude que vous en exigez. Appre-
" nez-moi ſeulement comment vous les y
" fixerez. Par une armée ſubſiſtante ? Mais
" cette armée que vous épuiſera d'hommes
" & d'argent, ſuivra-t-elle ou ne ſuivra-
" t-elle pas l'accroiſſement de la popula-
" tion ? Il n'y a que deux réponſes à faire
" à ma queſtion, & de ces deux réponſes,
" l'une me ſemble abſurde, & l'autre vous
" ramène au point où vous êtes. J'y ai beau-
" coup réfléchi ; & ſi je ne me trompe,
" j'ai découvert le ſeul parti raiſonnable &
" ſûr que vous ayez à prendre. C'eſt auſſi-
" tôt que vous vous ſerez rendus les maî-
" tres, d'arrêter les progrès de la popula-
" tion, puiſqu'il vous paroît plus avanta-

" geux, plus honnête & plus décent de
" dominer fur un petit nombre d'efclaves,
" que d'avoir pour égaux & pour amis
" une nation d'hommes libres.

" Mais, me demanderez-vous, comment
" arrête-t-on les progrès de la population ?
" L'expédient pourroit révolter des ames
" foibles, des efprits pufillanimes ; mais
" heureufement il n'en eft point dans cette
" augufte affemblée. C'eft d'égorger fans
" pitié la plus grande partie de ces indignes
" rébelles, & de réduire le refte à la con-
" dition des nègres. Ces braves & géné-
" reux Spartiates, fi vantés dans les hiftoires
" anciennes & modernes, vous en ont
" donné l'exemple. Comme eux, la tête
" enveloppée de leur manteau, nos conci-
" toyens & nos fatellites iront la nuit clan-
" deftinement maffacrer les enfans de nos
" Ilotes à côté de leurs pères, fur le fein
" de leurs mères ; & ne laifferont vivre que
" le nombre fuffifant pour leurs travaux &
" notre fûreté. "

" Anglois ! vous frémiffez à cette hor-
" rible propofition, & vous demandez quel

parti l'on pourroit prendre. Vainqueurs ou
vaincus, voilà ce qui vous convient. Si le
reffentiment, excité par vos barbaries,
peut fe calmer; fi les Américains peuvent
fermer les yeux fur les ravages qui les
entourent; fi, en marchant fur les ruines
de leurs villes incendiées, de leurs habitations détruites, fur les offemens de leurs
concitoyens épars dans les campagnes; fi,
en refpirant l'odeur du fang que vos mains
ont verfé de toutes parts, ils peuvent oublier les attentats de votre defpotifme; s'il
leur eft permis de prendre la moindre confiance dans vos difcours & de fe perfuader
que vous avez fincérement renoncé à l'injuftice de vos prétentions, commencez par
rappeller vos affaffins foudoyés. Rendez la
liberté à leurs ports qne vous tenez fermés;
écartez vos vaiffeaux de leurs côtes : &
s'il eft un citoyen fage parmi vous, qu'il
prenne une branche d'olivier dans fa main,
qu'il fe préfente & qu'il dife.

« O vous, nos concitoyens & nos anciens
« amis, permettez-nous ce titre, nous l'avons
« profané, mais notre repentir nous rend

" dignes de le reprendre, & nous aspirons
" déformais à la gloire de le conferver. Nous
" confeffons en préfence de ce ciel & de cette
" terre qui en ont été les témoins, nous con-
" feffons que nos prétentions ont été injuftes
" & nos procédés barbares. Oubliez - les
" comme nous. Relevez vos remparts & vos
" fortereffes. Raffemblez-vous dans vos pai-
" fibles habitations. Effaçons jufqu'à la der-
" nière goutte du fang qui a coulé. Nous
" admirons l'efprit généreux qui vous a di-
" rigés. C'eft le même auquel dans des cir-
" conftances femblables nous avons dû notre
" falut. Oui, c'eft à ces marques fur-tout que
" nous vous reconnoiffons pour nos conci-
" toyens & pour nos frères. Vous voulez être
" libres ; foyez libres. Soyez-le dans toute
" l'étendue que nous avons attachée nous-
" mêmes à ce nom facré. Ce n'eft pas de
" nous que vous tenez ce droit. Nous ne
" pouvons ni vous le donner, ni vous le
" ravir. Vous l'avez reçu comme nous de
" la nature, que le crime & le fer des tyrans
" peuvent combattre, mais que le crime &
" le fer des tyrans ne peuvent détruire. Nous

« ne prétendons à aucune forte de fupériorité
« fur vous. Nous n'afpirons qu'à l'honneur de
« l'égalité. Cette gloire nous fuffit. Nous con-
« noiffons trop bien le prix ineftimable de
« nous gouverner par nous-mêmes, pour
« vouloir déformais vous en dépouiller.

« Maîtres & arbitres fuprêmes de votre
« légiflation, fi vous pouvez dans vos états
« vous créer un meilleur gouvernement que
« le nôtre, nous vous en félicitons d'avance.
« Votre bonheur ne nous infpirera d'autre
« fentiment que le defir de vous imiter. For-
« mez-vous des conftitutions adaptées à
« votre climat, à votre fol, à ce monde nou-
« veau que vous civilifez. Qui peut mieux
« connoître que vous vos propres befoins?
« Des ames fières & vertueufes telles que les
« vôtres ne doivent obéir à d'autres loix
« qu'à celles qu'elles fe donneront elles-
« mêmes. Tout autre joug feroit indigne
« d'elles. Réglez vous-mêmes vos taxes. Nous
« ne vous demandons que de vous conformer
« à notre ufage dans l'affiette de l'impôt. Nous
« vous préfenterons l'état de nos befoins; &
« vous affignerez de vous-mêmes la jufte

« proportion entre vos fecours & vos ri-
« cheffes.

« D'ailleurs, exercez votre induftrie,
« comme nous exerçons la nôtre; exercez la
« fans limites. Mettez à profit les bienfaits
« de la nature & les contrées fécondes que vous
« habitez. Que le fer de vos mines, les laines
« de vos troupeaux, la dépouille des animaux
« fauvages errans dans vos bois, façonnés
« dans vos manufactures, prennent fous vos
« mains une valeur nouvelle. Que vos ports
« foient libres. Allez expofer vos denrées &
« les productions de vos arts dans toutes les
« parties du monde; allez chercher celles
« dont vous avez befoin. C'eft un de nos
« privilèges, qu'il foit auffi le vôtre. L'em-
« pire de l'océan, que nous avons conquis
« par deux fiècles de grandeur & de gloire,
« vous appartient comme à nous. Nous ferons
« unis par les liens du commerce. Vous nous
« apporterez vos productions que nous ac-
« cepterons de préférence à celles de tous les
« autres peuples, & nous efpérons que vous
« préférerez les nôtres à celles de l'étranger,
« fans toutefois que vous y foyez aftreints

« par aucune loi, que par celle de l'intérêt
« commun, & le titre de concitoyens &
« d'amis.

« Que vos vaisseaux & les nôtres, décorés
« du même pavillon, couvrent les mers; &
« que des deux côtés il s'élève des cris de
« joie, lorsque ces vaisseaux amis se ren-
« contreront au milieu des déserts de l'océan.
« Que la paix rénaisse, que la concorde dure
« à jamais entre nous. Nous concevons enfin
« que la chaîne d'une bienveillance réci-
« proque est la seule qui puisse lier des em-
« pires aussi éloignés, & que tout autre prin-
« cipe d'unité seroit injuste & précaire.

« Que sur ce nouveau plan d'une amitié
« éternelle, l'agriculture, l'industrie, les
« loix, les arts, & la première de toutes
« les sciences, celle de faire le plus grand
« bien des états & des hommes, se per-
« fectionne parmi vous. Que le récit de
« votre bonheur appelle autour de vos ha-
« bitations tous les infortunés de la terre.
« Que les tyrans de tous les pays, que
« tous les oppresseurs, ou politiques ou
« sacrés, sachent qu'il existe un lieu dans
« le

« le monde où l'on peut se dérober à leurs
« chaînes ; où l'humanité flétrie a relevé
« sa tête ; où les moissons croissent pour le
« pauvre ; où les loix ne sont plus que le
« garant de la félicité ; où la religion est
« libre & la conscience a cessé d'être escla-
« ve ; où la nature enfin semble vouloir
« se justifier d'avoir créé l'homme, & le
« gouvernement si long-tems coupable sur
« toute la terre répare enfin ses crimes. Que
« l'idée d'un pareil asyle épouvante les
« despotes & leur serve de frein : car si le
« bonheur des hommes leur est indifférent,
« ils sont du-moins ambitieux & avares,
« & veulent conserver, & leur pouvoir,
« & leurs richesses.

« Nous-mêmes, ô nos concitoyens,
« ô nos amis, nous-mêmes nous profiterons
« de votre exemple. Si notre constitution
« s'altéroit ; si la richesse publique corrom-
« poit la cour, & la cour la nation ; si
« nos rois à qui nous avons donné tant
« d'exemples terribles les oublioient enfin ;
« si nous étions menacés, nous qui étions
« un peuple auguste, de ne devenir que le

" plus lâche & le plus vil des troupeaux,
" en nous vendant nous-mêmes : le fpectacle
" de vos vertus & de vos loix pourroit
" nous ranimer. Il rappelleroit à nos cœurs
" avilis, & le prix & la grandeur de la
" liberté ; & s'il faut que cet exemple
" devienne impuiffant ; s'il faut que l'efcla-
" vage, fuite de la corruption vénale,
" s'établiffe un jour dans ce même pays,
" qui a été inondé de fang pour la caufe de
" la liberté, & où nos pères ont vu les
" échafauds dreffés pour les tyrans : alors
" nous abandonnerons en foule cette terre
" ingrate livrée au defpotifme, & nous
" laifferons le monftre régner fur un défert.
" Vous nous recevrez alors en qualité d'amis
" & de frères. Vous partagerez avec nous
" ce fol, cet air libre, comme les ames de
" leurs généreux habitans ; & grace à vos
" vertus, nous retrouverons encore l'An-
" gleterre & une patrie.

" Voilà, braves concitoyens & notre
" efpérance & nos vœux. Recevez donc
" nos fermens, gages d'une fi fainte alliance.
" Invoquons, pour rendre ce traité plus

" folemnel, invoquons nos ancêtres com-
" muns, qui tous ont été animés de l'efprit
" de liberté comme vous, & n'ont pas
" craint de mourir pour la défendre. Attef-
" tons la mémoire des fondateurs illuftres
" de vos colonies, celle de vos auguftes
" légiflateurs, du philofophe Locke, qui
" le premier fur la terre fit un code de
" tolérance, du vénérable Penn, qui le
" premier fonda une ville de frères. Les
" ames de ces grands hommes, qui dans
" ce moment, fans doute, ont les yeux
" fixés fur nous, font dignes de préfider
" à un traité qui doit affurer la paix de
" deux mondes. Jurons en leur préfence,
" jurons fur ces mêmes armes avec lef-
" quelles vous nous avez combattus, de
" refter à jamais unis & fidèles ; & quand
" nous aurons prononcé tous enfemble un
" ferment de paix, prenez alors ces mêmes
" armes, tranfportez-les dans un dépôt
" facré, où les pères les montreront à
" chaque génération nouvelle ; & là, gar-
" dez-les fidèlement d'âge en âge pour les
" tourner un jour contre le premier, foit

" Anglois, foit Américain, qui ofera pro-
" pofer de rompre cette alliance, égale-
" ment utile, également honorable pour les
" deux peuples. "

A ce difcours, j'entends les villes, les
hameaux, les campagnes, toutes les rives
de l'Amérique feptentrionale retentir des
plus vives acclamations, répeter avec atten-
driffement le nom de leurs frères Anglois,
le nom de la mère-patrie. Les feux de la
joie fuccèdent aux incendies de la difcorde,
& cependant les nations jaloufes de votre
puiffance reftent dans le filence, dans l'étonnement & dans le défefpoir.

Votre parlement va s'affembler. Qu'en
faut-il efpérer? La raifon s'y fera-t-elle
entendre, ou perféverera-t-il dans fa folie?
Sera-t-il le défenfeur des peuples ou l'inftrument de la tyrannie des miniftres? Ses actes
feront-ils les décrets d'une nation libre, ou
des édits dictés par la cour? J'affifte aux
délibérations de vos chambres. Ces lieux
révérés retentiffent de harangues pleines de
modération & de fageffe. La douce perfuafion y paroît couler des lèvres des orateurs

les plus diftingués. Ils arrachent des larmes.
Mon cœur eft rempli d'efpoir. Tout-à-coup
une voix, organe du defpotifme & de la
guerre, fufpend cette émotion délicieufe.

" Anglois, s'écrie un déclamateur for-
" cené, pouvez-vous balancer un moment?
" ce font vos droits, vos intérêts les plus
" importans; c'eft la gloire de votre nom
" qu'il faut défendre. Ces grands biens ne
" font pas attaqués par une puiffance étran-
" gère. Un ennemi domeftique les menace.
" Le danger eft plus grand, l'outrage eft
" plus fenfible.

" Entre deux peuples rivaux & armés
" pour des prétentions mutuelles, la poli-
" tique peut quelquefois fufpendre les com-
" bats. Contre des fujets rebelles, la plus
" grande faute eft la lenteur, toute modéra-
" tion eft foibleffe. L'étendart de la révolte
" fut levé par l'audace, qu'il foit déchiré
" par la force. Tombe, tombe fur les mains
" qui l'ont déployé, le glaive de la juftice.
" Hâtons-nous. Pour étouffer les révolu-
" tions, il eft un premier moment qu'il faut
" faifir. Ne donnons pas aux efprits étonnés,

« le tems de s'accoutumer à leur crime; aux
« chefs, le tems d'affermir leur pouvoir; au
« peuple, celui d'apprendre à obéir à de
« nouveaux maîtres. Le peuple, dans la
« révolte, eſt preſque toujours entraîné par
« un mouvement étranger. Ni ſa fureur, ni
« ſa haîne, ni ſon amour ne lui appartien-
« nent. On lui donne ſes paſſions comme ſes
« armes. Déployons à ſes yeux la force &
« la majeſté de l'empire Britannique. Il va
« tomber à nos pieds; il paſſera en un
« inſtant de la terreur au remords; du re-
« mords à l'obéiſſance. S'il faut uſer de la
« ſévérité des armes, point de ménage-
« ment. Dans la guerre civile, la pitié eſt
« la plus fauſſe des vertus. Le glaive une
« fois tiré ne doit plus s'arrêter que par
« la ſoumiſſion. C'eſt à eux déformais à
« répondre au ciel & à la terre de leurs
« propres malheurs. Songez qu'une ſévérité
« paſſagère, dans ces contrées rébelles, doit
« nous aſſurer l'obéiſſance & la paix pour
« des ſiècles.

« Pour ſuſpendre nos coups, pour déſar-
« mer nos bras, on nous dit, on nous répète

" que ce pays eft peuplé de nos concitoyens;
" de nos amis, de nos frères. Quoi, invo-
" quer en leur faveur des noms qu'ils ont
" outragés, des liens qu'ils ont rompus! Ces
" noms, ces liens facrés font ce qui les
" accufe & qui les rend coupables. Depuis
" quand ces titres fi révérés n'impofent - ils
" des devoirs qu'à nous? Depuis quand des
" enfans rébelles, ont-ils le droit de s'armer
" contre leur mére, de lui ravir fon héritage,
" de déchirer fon fein? Ils parlent de liberté.
" Je refpecte ce nom comme eux : mais
" cette liberté eft-elle de l'indépendance?
" Eft-elle le droit de renverfer une légifla-
" tion établie & fondée depuis deux fiècles?
" Eft-elle le droit d'ufurper tous les nôtres?
" Ils parlent de liberté; & moi je parle de
" la fuprématie & de la puiffance fouveraine
" de l'Angleterre.

   " Quoi, s'ils avoient à former quelques
" plaintes, s'ils refufoient de porter avec
" nous une foible portion du fardeau qui
" nous accable & de s'affocier à nos charges
" comme nous les affocions à notre gran-
" deur, n'avoient-ils d'autre voie que celle

" de la révolte & des armes! On les appelle
" nos concitoyens & nos amis; & moi je
" ne vois en eux que les perfécuteurs & les
" ennemis les plus cruels de notre patrie.
" Nous avons des ancêtres communs; oui,
" fans doute: mais ces refpectables aïeux,
" je les évoque moi-même avec confiance.
" Si leurs ombres pouvoient reprendre ici
" leur place, leur indignation égaleroit la
" nôtre. Avec quel courroux ces vertueux
" citoyens entendroient, que ceux de leurs
" defcendans qui fe font fixés au-delà des
" mers n'ont pas plutôt fenti leurs forces,
" qu'ils en ont fait le coupable effai contre
" leur patrie; qu'ils fe font armés contre
" elle de fes propres bienfaits? Oui tous,
" jufqu'à cette fecte pacifique à qui fon fon-
" dateur infpira le devoir de ne jamais
" tremper fes mains dans le fang; eux qui
" ont refpecté les jours & les droits des
" peuples fauvages; eux qui par enthou-
" fiafme de l'humanité ont brifé les fers de
" leurs efclaves: aujourd'hui également in-
" fidèles à leur pays & à leur religion,
" ils arment leurs mains pour le carnage;

" & c'eſt contre vous. Ils traitent tous les
" hommes de frères; & vous, vous ſeuls
" de tous les peuples êtes exclus de ce titre.
" Ils ont appris au monde que les ſauvages
" Américains, que les nègres de l'Afrique
" leur ſont déſormais moins étrangers que
" les citoyens de l'Angleterre.

" Armez-vous. Vengez vos droits offen-
" ſés. Vengez votre grandeur trahie. Dé-
" ployez cette puiſſance qui ſe fait redouter
" dans l'Europe, dans l'Afrique & dans
" l'Inde, qui a ſi ſouvent étonné l'Amé-
" rique elle - même; & puiſqu'entre un
" peuple ſouverain & le ſujet qui ſe ré-
" volte, il n'y a plus déſormais d'autre
" traité que la force, que la force décide.
" conſervez, reprenez cet univers qui vous
" appartient, & que l'ingratitude & l'au-
" dace veulent vous ravir."

Les ſophiſmes d'un rhéteur véhément,
appuyés par l'influence du trône & par
l'orgueil national, étouffent dans la plupart
des repréſentans du peuple le deſir d'un arrangement pacifique. Les reſolutions nouvelles reſſemblent aux réſolutions primi-

L'An-gleterre ſe détermine à réduire ſes colonies par la force.

tives. Tout y porte même d'une manière plus décidée l'empreinte de la férocité & du despotisme. On lève des armées ; on équipe des flottes. Les généraux, les amiraux font voile vers le nouveau - monde, avec des ordres, avec des projets destructifs & sanguinaires. Il n'y a qu'une soumission sans réserve qui puisse prévenir ou arrêter le ravage ordonné contre les colonies.

Jusqu'à cette époque mémorable, les Américains s'étoient bornés à une resistance que les loix Angloises, elles-mêmes, autorisoient. On ne leur avoit vu d'ambition que celle d'être maintenus dans les droits très-limités dont ils avoient toujours joui. Les chefs même, auxquels on pourroit supposer des idées plus étendues, n'avoient encore osé parler à la multitude que d'un accommodement avantageux. En allant plus loin, ils auroient craint de perdre la confiance des peuples attachés par habitude à un empire sous les aîles duquel ils avoient prospéré. Le bruit des grands préparatifs qui se faisoient dans l'ancien hémisphère pour mettre dans les fers ou pour incendier le nouveau, étouffa ce qui pouvoit rester d'affection pour le gouvernement primitif. Il ne s'agissoit plus que de donner de l'énergie aux esprits. Ce fut l'effet que produisit un ouvrage, intitulé *Le Sens Commun*. Nous allons représenter ici le fond de sa doctrine sans nous astreindre précisément à la forme qu'il a suivie.

Jamais, disoit l'auteur de cet écrit célèbre, jamais un intérêt plus grand n'a occupé les nations. Ce n'est pas celui d'une ville ou d'une province, c'est celui d'un continent immense & d'une grande partie du globe. Ce n'est pas l'intérêt d'un jour, c'est celui des siècles. Le présent va décider d'un long avenir; & plusieurs centaines d'années après que nous ne serons plus, le soleil, en éclairant cet hémisphère, éclairera ou notre honte ou notre gloire. Long-tems nous avons parlé de réconciliation & de paix: tout est changé. Dès qu'on a pris les armes, dès que la première goutte de sang a coulé, le tems des discussions n'est plus. Un jour a fait naître une révolution. Un jour nous a transportés dans un siècle nouveau.

Des ames timides, des ames qui mesurent
l'avenir par le passé, croient que nous avons
besoin de la protection de l'Angleterre. Elle
put être utile à une colonie naissante ; elle
est devenue dangereuse pour une nation déjà
formée. L'enfance a besoin d'être soutenue ;
il faut que la jeunesse marche libre & avec
la fierté qui lui convient. De nation à nation, ainsi que d'homme à homme, qui peut
avoir la force & le droit de me protéger,
peut avoir la force & la volonté de me nuire. Je renonce à un protecteur, pour n'a-
voir point à redouter un maître.

En Europe, les peuples font trop pres-
fés pour que cette partie du globe jouisse
d'une paix constante. Les intérêts des cours
& des nations s'y heurtent & s'y choquent
sans cesse. Amis de l'Angleterre, nous sommes
forcés d'avoir tous ses ennemis. Cette alliance
portera pour dot à l'Amérique une guerre
éternelle. Séparons-nous, féparons-nous. La
neutralité, le commerce & la paix : voilà
les fondemens de notre grandeur.

L'autorité de la Grande-Bretagne sur
l'Amérique doit tôt ou tard avoir une fin.

Ainſi le veut la nature, la néceſſité & le tems. Le gouvernement Anglois ne peut donc nous donner qu'une conſtitution paſſagére; & nous ne léguerons à notre poſtérité qu'un état incertain, des diſſenſions & des dettes. Si nous voulons aſſurer ſon bonheur, ſéparons-nous. Si nous ſommes pères ſi nous aimons nos enfans, ſéparons-nous. Des loix & la liberté, voilà l'héritage que nous leur devons.

L'Angleterre eſt trop éloignée de nous pour nous gouverner. Quoi, toujours traverſer deux mille lieues pour demander des loix, pour reclamer juſtice, pour nous juſtifier de crimes imaginaires, pour ſolliciter avec baſſeſſe la cour & les miniſtres d'un climat étranger! Quoi, attendre pendant des années chaque réponſe, & ſi trop ſouvent encore c'étoit l'injuſtice qu'il fallût ainſi chercher à travers l'océan! Non, pour un grand état, il faut que le centre & le ſiège du pouvoir ſoit dans l'état même. Il n'y a que le deſpotiſme de l'Orient qui ait pu accoutumer les peuples à recevoir ainſi leurs loix de maîtres éloignés ou de pachas qui repréfentent des tyrans invifibles. Mais ne l'oubliez pas, plus la diftance augmente, plus le defpotifme s'appéfantit, & les peuples alors privés de prefque tous les avantages du gouvernement, n'en ont plus que les malheurs & les vices.

La nature n'a pas créé un monde pour le foumettre aux habitans d'une ifle dans un autre univers. La nature a établi des loix d'équilibre qu'elle fuit par-tout, dans les cieux comme fur la terre. Par la loi des maffes & des diftances, l'Amérique ne peut appartenir qu'à elle-même.

Point de gouvernement fans une confiance mutuelle, entre celui qui commande & celui qui obéit. C'en eft fait, ce commerce eft rompu; il ne peut renaître. L'Angleterre a trop fait voir qu'elle vouloit nous commander comme à des efclaves; l'Amérique, qu'elle fentoit également & fes droits & fes forces. Chacune a trahi fon fecret. Dès ce moment plus de traité. Il feroit figné par la haîne & la défiance, la haîne qui ne pardonne pas; la défiance qui de fa nature eft irréconciliable.

Voulez - vous favoir quel feroit le fruit d'un accommodement? votre ruine. Vous avez befoin de loix; vous ne les obtiendrez pas. Qui vous les donneroit? La nation Angloife? Elle eft jaloufe de votre accroiffement. Le ? Il eft votre ennemi. Vous-même, dans vos affemblées? Ne vous fouvenez - vous plus que toute légiflation eft foumife au droit négatif du monarque qui veut vous fubjuguer? Ce droit feroit un droit terrible fans ceffe armé contre vous. Formez des demandes; elles feront éludées. Formez des plans de grandeur & de commerce; ils deviendront pour la métropole un objet d'effroi. Votre gouvernement ne fera plus qu'une guerre fourde, celle d'un ennemi qui veut détruire fans combattre; ce fera dans l'ordre politique un affaffinat lent & caché, qui fait naître la langueur, prolonge & nourrit la foibleffe, & par un art meurtrier empêche également de vivre & de mourir. Soumettez - vous à l'Angleterre: voilà votre fort.

Nous avons droit de prendre les armes. Nos droits font la néceffité, une jufte défenſe, nos malheurs, ceux de nos enfans, les excès commis contre nous. Nos droits ſont notre titre auguſte de nation. C'eſt au glaive à nous juger. Le tribunal de la guerre eſt déſormais le ſeul tribunal qui exiſte pour nous. Eh bien, puiſqu'il faut combattre, que ce ſoit du-moins pour une cauſe qui en ſoit digne, & qui nous paie & de nos tré-ſors & de notre ſang. Quoi, nous expoſe-rons-nous à voir nos villes détruites, nos campagnes ravagées, nos familles tombant ſous le glaive, pour parvenir à conclure un accommodement; c'eſt-à-dire pour men-dier de nouvelles chaînes, pour cimenter nous-mêmes l'édifice de notre eſclavage? Quoi, ce ſera à la lueur des incendies; ce ſera ſur la tombe de nos pères, de nos enfans, de nos femmes que nous ſignerons un traité avec nos oppreſſeurs! & tout couverts de notre ſang ils daigneront nous pardonner! Ah! nous ne ſerions plus alors qu'un vil objet d'étonnement pour l'Eu-rope, d'indignation pour l'Amérique, de mépris même pour nos ennemis. Si nous pouvons leur obéir, nous n'avons pas eu

le droit de combattre. La liberté feule peut
nous abfoudre. La liberté, & une liberté
entiére, eft le feul but digne de nos travaux & de nos dangers. Que dis-je? Dès
ce moment, elle nous appartient. C'eft
dans les plaines fanglantes de Lexington
que nos titres font écrits; c'eft-là que l'Angleterre a déchiré de fa main, le contrat
qui nous uniffoit à elle. Oui. Au moment
où l'Angleterre a tiré le premier coup de
fufil contre nous, la nature elle-même nous
a proclamés libres & indépendans.

Profitons du bienfait de nos ennemis.
La jeuneffe des nations eft l'âge le plus favorable à leur indépendance. C'eft le tems de
l'énergie & de la vigueur. Nos ames ne
font point encore entourées de cet appareil
de luxe qui fert d'ôtage à la tyrannie. Nos
bras ne fe font point énervés dans les arts
de la moleffe. On ne voit point dominer
parmi nous cette nobleffe qui, par fa conftitution même, eft l'alliée néceffaire des
rois; qui n'aime la liberté que lorfqu'elle
en peut faire un moyen d'oppreffion; cette
nobleffe avide de droits & de titres, pour

G

qui dans les tems de révolution & de crife, le peuple n'eft qu'un inftrument, pour qui le pouvoir fuprême eft un corrupteur tout prêt.

Vos colonies font formées d'hommes fim-ples & courageux, d'hommes laborieux & fiers, propriétaires à la fois & cultivateurs de leurs terres. La liberté eft leur premier befoin. Les travaux ruftiques les ont d'avance endurcis à la guerre. L'enthoufiafme public fera éclorre des talens inconnus. C'eft dans les révolutions que les ames s'agrandiffent, que les héros fe montrent & prennent leur place. Rappellez-vous la Hollande, & cette foule d'hommes extraordinaires que fit naître la querelle de fa liberté : voilà votre exemple. Rappellez-vous fes fuccès : voilà votre pré-fage.

Que notre premier pas foit de nous former une conftitution qui nous uniffe. Le moment eft venu. Plus tard, elle feroit abandonnée à un avenir incertain & aux caprices du hafard. Plus nous acquerrons d'hommes & de ri-cheffes, plus il s'élevera de barrières entre nous. Comment concilier alors tant d'intérêts

& de provinces? Il faut pour une pareille union que chaque peuple fente à la fois, & fa foiblefle, & la force de tous. Il faut de grands malheurs ou de grandes craintes. C'eft alors qu'entre les peuples, comme entre les hommes, naiffent ces amitiés vigoureufes & profondes qui affocient les ames avec les ames & les intérêts avec les intérêts. C'eft alors qu'un feul efprit errant de toute part, forme le génie des états, & que toutes les forces difperfées deviennent en fe rapprochant, une force unique & terrible. Grace à nos perfécuteurs, nous fommes à cette époque. Si nous avons du courage, c'eft pour nous celle du bonheur. Peu de nations ont faifi le moment favorable pour fe faire un gouvernement. Une fois échappé, ce moment ne revient plus; & l'on en eft puni pendant des fiècles par l'anarchie ou l'efclavage. Qu'une pareille faute ne nous prépare point de pareils regrets. Ils feroient impuis-fans.

Emparons-nous d'un moment unique pour nous. Il eft en notre pouvoir de former la plus belle conftitution qu'il y ait jamais eue

parmi les hommes. Vous avez lu dans vos
livres facrés l'hiftoire du genre-humain enfé-
veli fous une inondation générale du globe.
Une feule famille furvécut, & fut chargée
par l'Etre fuprême de renouveller la terre.
Nous fommes cette famille. Le defpotifme a
tout inondé, & nous pouvons renouveller
le monde une feconde fois.

Nous allons, dans ce moment, décider
du fort d'une race d'hommes plus nombreufe
peut-être que tous les peuples de l'Europe
enfemble. Attendrons-nous que nous foyons
la proie d'un conquérant, & que l'efpérance
de l'univers foit détruite? Imaginons-nous
que toutes les générations du monde à venir
ont dans ce moment les yeux fixés fur nous,
& nous demandent la liberté. Nous allons
fixer leur deftin. Si nous les trahiffons, un
jour elles fe promeneront avec leurs fers fur
nos tombeaux & les chargeront peut-être
d'imprécations.

Souvenez-vous d'un écrit qui a paru parmi
vous, & qui avoit pour devife ces mots:
S'UNIR OU MOURIR.

Uniffons-nous, & commençons par déclarer notre INDÉPENDANCE. Elle feule peut effacer le titre de fujets rébelles que nos infolens oppreffeurs ofent nous donner. Elle feule peut nous faire remontrer à la dignité qui nous eft due, nous affurer des alliés parmi les puiffances, imprimer le refpect même à nos ennemis; & fi nous traitons avec eux, nous donner le droit de traiter avec la force & la majefté qui convient à une nation.

Mais je le répète. Hâtons-nous. Notre incertitude fait notre foibleffe. Ofons être libres, & nous le fommes. Prêts à franchir ce pas, nous reculons. Nous nous obfervons tous avec une curiofité inquiète. Il femble que nous foyions étonnés de notre audace, & que notre courage nous épouvante. Mais ce n'eft plus le tems de calculer. Dans les grandes affaires où il n'y a qu'un grand parti à prendre, trop de circonfpection ceffe d'être prudence. Tout ce qui eft extrême demande une réfolution extrême. Alors les démarches les plus hardies font les plus fages; & l'excès de l'audace même devient le moyen & le garant du fuccès.

Tel étoit le fond des fentimens & des Les colonies

ompent
es liens
qui les
uniſſoient
à l'Angle-
erre, &
'en décla-
ent indé-
endan-
es.

idées répandues dans cet ouvrage. Ils affer-
mirent dans leurs principes les eſprits hardis
qui, depuis long-tems, demandoient qu'on
ſe détachât entièrement de la métropole. Les
citoyens timides, qui juſqu'alors avoient
chancelé, ſe décidèrent enfin pour ce grand
déchirement. Le vœu pour l'indépendance
eut aſſez de partiſans pour que le 4 juillet
1776, le congrès général ſe déterminât à la
prononcer.

Que n'ai-je reçu le génie & l'éloquence des
célèbres orateurs d'Athènes & de Rome!
Avec quelle grandeur, avec quel enthouſiaſme ne parlerois-je pas des hommes généreux qui, par leur patience, leur ſageſſe
& leur courage, élevérent ce grand édifice?
Hancock, Franklin, les deux Adams furent
les plus grands acteurs dans cette ſcène inté-
reſſante : mais ils ne furent pas les ſeuls. La
poſtérité les connoîtra tous. Leurs noms
fameux lui feront tranſmis par une plume
plus heureuſe que la mienne. Le marbre &
le bronze les montreront aux ſiècles les
plus reculés. En les voyant, l'ami de la
liberté ſentira ſes yeux ſe remplir de larmes

délicieuses, son cœur tressaillir de joie. On
a écrit au dessous du buste de l'un d'eux:
IL ARRACHA LA FOUDRE AU CIEL
ET LE SCEPTRE AUX TYRANS. Tous
partageront avec lui les derniers mots de
cet éloge.

Contrée héroïque, mon âge avancé ne
me permet pas de te visiter. Jamais je ne me
verrai au milieu des respectables personnages
de ton aréopage; jamais je n'assisterai aux
délibérations de ton congrès. Je mourrai sans
avoir vu le séjour de la tolérance, des
mœurs, des loix, de la vertu, de la liberté.
Une terre franche & sacrée ne couvrira pas
ma cendre: mais je l'aurai desiré; & mes
dernières paroles feront des vœux adressés
au ciel pour ta prospérité.

Quoique l'Amérique fût assurée de l'ap-
probation universelle, elle crut devoir ex-
poser aux yeux des nations les motifs de
sa conduite. Elle publia son manifeste, &
on y lut: que l'histoire de la nation Angloise
& de son roi n'offrira à l'avenir qu'elle entre-
tiendra d'eux & de nous, qu'un tissu d'outrages & d'usurpations qui tendoient éga-

lement à l'établiffement d'une tyrannie abfolue dans ces provinces.

Elle dira que fon monarque a refufé fon
confentement aux loix les plus falutaires &
les plus néceffaires au bien public.

Qu'il a transfêré les affemblées dans des
lieux incommodes, éloignés des archives,
pour amener plus aifément les députés à fes
vues.

Qu'il a plufieurs fois diffous la chambre
des repréfentans, parce qu'on y défendoit
avec fermeté les droits des peuples.

Qu'il a laiffé, après cette diffolution, les
états trop long-tems fans repréfentans, &
par conféquent expofés aux inconvéniens
réfultant du défaut d'affemblée.

Qu'il s'eft efforcé d'arrêter la population,
en rendant la naturalifation des étrangers
difficile, & en vendant trop cher les terreins
dont il accordoit la propriété.

Qu'il a trop mis les juges dans fa dépendance, en ftatuant qu'ils ne tiendroient que
de lui, & leurs offices, & leurs falaires.

Qu'il a créé des places nouvelles &
rempli ces regions d'une multitude d'em-

ployés qui devoroient notre fubftance &
troubloient notre tranquillité.

Qu'il a maintenu, en pleine paix, au milieu de nous des forces confidérables, fans
le confentement du pouvoir légiflatif.

Qu'il a rendu le pouvoir militaire indé-
pendant de la loi civile & même fupérieur
à elle.

Qu'il a tout combiné avec des hommes
pervers, pour loger dans nos maifons des
gens de guerre armés, & les mettre à couvert des peines dues aux meurtres qu'ils
pourroient commettre en Amérique; pour
détruire notre commerce dans toutes les
parties du globe; pour nous impofer des
taxes fans notre aveu; pour nous priver,
dans plufieurs cas, de nos jugemens par
jurés; pour nous tranfporter & nous faire
juger au-delà des mers; pour nous enlever
nos chartes, fupprimer nos meilleures loix,
altérer le fonds & la forme de notre gouvernement ; pour fufpendre notre propre
légiflation & pouvoir nous donner d'autres
loix.

Qu'il a lui-même abdiqué fon gouvernement dans les provinces Américaines, en nous déclarant déchus de fa protection & en nous faifant la guerre.

Qu'il a fait ravager nos côtes, détruire nos ports, brûler nos villes, maffacrer nos peuples.

Qu'il a forcé nos concitoyens, faits prifonniers en pleine mer, à porter les armés contre leur patrie, à devenir les bourreaux de leurs amis & de leurs frères, ou à périr eux-mêmes par des mains fi chères.

Qu'il a excité parmi nous des divifions inteftines, & qu'il s'eft efforcé de foulever contre nos paifibles habitans les fauvages barbares, accoutumés à tout maffacrer, fans diftinction de rang, de fexe & d'âge.

Que dans ce moment il arrivoit fur nos plages des armées mercenaires & étrangères, chargées de confommer l'ouvrage de la défolation & de la mort.

Et qu'un prince, dont le caractère fut ainfi marqué par tous les traits de la tyrannie, n'étoit pas fait pour gouverner un peuple libre.

Une démarche qui rompoit des nœuds

formés par le fang, par la religion & par
l'habitude, devoit être foutenue par un grand
concert de volontés, par des mefures fages
& vigoureufes. Les Etats-Unis de l'Amérique fe donnèrent une conftitution fédé-
rative qui ajoutoit aux avantages intérieurs
du gouvernement républicain toute la force
extérieure de la monarchie.

Chaque province eut une affemblée formée par les repréfentans des divers diftriĉts,
& en qui réfidoit la puiffance legiflative.
Son préfident eut le pouvoir exécutif. Ses
droits & fes obligations étoient d'écouter
tous les citoyens; de les convoquer lorfque
les circonftances le demanderoient; de pourvoir à l'armement, à la fubftance des troupes, & d'en concerter avec leurs chefs les
opérations. Il fut mis à la tête d'un comité
fecret qui devoit entretenir des liaifons
fuivies avec le congrès général. Le tems
de fa geftion fut borné à deux ans: mais
les loix permettoient de le prolonger.

Les provinces ne devoient pas compte
de leur adminiftration au grand confeil de
la nation, quoique compofé des députés

de toutes les colonies. La fupériorité du congrès général fur les congrès particuliers fe bornoit à ce qui étoit du reffort de la politique & de la guerre.

Mais quelques perfonnes ont jugé que l'inftitution de ce corps n'étoit pas auffi bien combinée que la légiflation des provinces. Il femble en effet que des états fédératifs, qui fortent de la condition de fujets pour s'élever à l'indépendance, ne peuvent fans péril confier à leurs délégués le pouvoir illimité de faire la guerre & la paix. Car ceux-ci, s'ils étoient ou infidèles ou peu éclairés, pourroient remettre l'état entier dans fes fers dont il cherche à s'échapper. Il femble que dans ces momens de révolution la volonté publique ne fauroit être trop connue, trop littéralement prononcée. Sans doute, il eft néceffaire, dit-on, que toutes les démarches, toutes les opérations qui concourent à l'attaquer & à la défenfe commune, foient décidées par les repréfentans communs du corps de l'état: mais la continuation de la guerre, mais les conditions de la paix devroient être délibérées dans chaque province; & les délibérations tranfmifes au congrès par les députés qui foumettroient l'avis de leurs provinces à la pluralité. On ajoute enfin que fi dans les gouvernemens affermis, il eft bon que le peuple fe repofe avec confiance fur la fageffe de fon fénat, dans un état où la conftitution fe forme, où le peuple, encore incertain de fon fort, redemande fa liberté les armes à la main, il faut que tous les citoyens foient fans ceffe au confeil, à l'armée, dans la place publique, & qu'ils aient les yeux toujours ouverts fur les repréfentans à qui ils ont confié leur deftinée.

Quoique ces principes foient vrais en général, on peut cependant répondre qu'il étoit peut-être difficile de les appliquer à la nouvelle république formé par les Américains. Il n'en eft point d'elle comme des républiques fédératives que nous voyons en Europe, je veux dire la Hollande & la Suiffe, qui n'occupent qu'un terrein de peu d'étendue, & où il eft aifé d'établir une communication rapide entre toutes les provinces. On peut dire la même chofe des confédérations de l'ancienne Grèce. Ces états étoient placés à peu de diftance les uns des autres, prefque refferrés dans les bornes du Pélopponéfe ou dans l'enceinte d'un étroit archipel. Mais les Etats-Unis d'Amérique, femés fur un continent immenfe; occupant dans le nouveau-monde un efpace de près de quinze degrés; féparés par des déferts, des montagnes, des golfes & par une vafte étendue de côtes, ne peuvent jouir de cette prompte communication. Si le congrès ne pouvoit rien décider fur les intérêts politiques fans les délibérations particulières de chaque province; fi à chaque occafion un peu importante, à chaque événement imprévu, il falloit de nouveaux ordres &, pour ainfi dire, un nouveau pouvoir aux repréfentans, ce corps refteroit fans activité. Les diftances à franchir, les longueurs & la multitude des debats trop fouvent pourroient nuire au bien général.

D'ailleurs ce n'eft jamais dans la naiffance d'une conftitution & au milieu des grandes fermentations de la liberté que l'on doit craindre qu'un corps de repréfentans trahiffe, par corruption ou par foibleffe, les intérêts qui lui font confiés. C'eft plutôt dans un pareil corps que l'efprit général & s'exalte & s'enflamme. C'eft-là que refide, dans fa vigueur, le génie de la nation. Choifis par l'eftime de leurs concitoyens, choifis dans un tems où toute fonction publique eft un danger & tout fuffrage eft un honneur; placés à la tête de ceux qui compoferont à jamais cet aréopage célèbre, & par-là même naturellement portés à regarder la liberté publique comme leur ouvrage, ils doivent avoir l'enthoufiafme des fondateurs qui mettent leur orgueil à graver pour les fiècles leur nom fur le frontifpice d'un monument augufte qui s'élève. Les craintes que les partifans du fyftême contraire pourroient avoir fur cet objet paroiffent donc mal fondées.

Je dirai plus. Il pourroit fe faire qu'un peuple qui combat pour fa liberté, fatigué d'une lutte longue & pénible, & plus frappé des dangers du moment que du bonheur

de l'avenir, fentît affoiblir fon courage, &
fut tenté peut-être de préférer un jour la
dépendance & la paix à une indépendance
orageufe, & qui coûte des périls & du
fang. C'eft alors qu'il feroit avantageux à
ce peuple de s'être démis lui-même du
pouvoir de faire la paix avec fes oppreffeurs, & d'avoir dépofé ce droit dans les
mains du fénat qu'il a choifi pour fervir
d'organe à fa volonté, quand cette volonté
étoit libre, fière & courageufe. Il femble lui
avoir dit au moment où il l'inftitua. Je lève
l'étendard de la guerre contre mes tyrans.
Si mon bras fe laffoit de combattre, fi je
pouvois m'avilir jufqu'à implorer le repos,
foutiens-moi contre ma foibleffe. N'écoute
pas des vœux indignes de moi que je dé-
favoue d'avance; & ne prononce le nom de
paix que quand ma chaîne fera brifée.

En effet, fi l'on confulte l'hiftoire des républiques, on verra que la multitude a prefque toujours l'impétuofité & la chaleur du
premier moment : mais que ce n'eft que
dans un petit nombre d'hommes, choifis &
faits pour fervir de chefs, que refident ces
réfo-

réfolutions conftantes & vigoureufes qui marchent d'un pas ferme & affuré vers un grand but, ne fe détournent jamais & combattent avec opiniatreté les malheurs, la fortune & les hommes.

Quoi qu'il en foit, & quelque parti qu'on prenne fur cette difcuffion politique, les Américains n'avoient pas encore créé leur fyftême de gouvernement, lorfque dans le mois de mars Hopkins enlevoit de l'Ifle Angloife de la Providence une très-nombreufe artillerie & d'abondantes munitions de guerre, lorfqu'au commencement de mai', Carleton chaffoit du Canada les provinciaux occupés à réduire Quebec pour achever la conquête de cette grande poffeffion; lorfqu'en juin, Clinton & Parker étoient fi vigoureufement repouffés fur les côtes de l'Amérique méridionale. De plus grandes fcènes fuivirent la déclaration de l'indépendance.

La guerre commence entre les Etats-Unis & l'Angleterre.

Howe avoit remplacé le foible Gage. C'étoit même le nouveau général qui avoit évacué Bofton. Reçu le 2 avril a Hallifax, il en étoit parti le 10 juin pour fe porter

H

fur la petite ifle des Etats. Les forces de terre & de mer qu'il attendoit l'y joignirent fucceffivement ; & le 28 août, il débarqua fans oppofition à l'Ifle-Longue, fous la protection d'une flotte commandée par l'amiral fon frere. Les Américains ne montrèrent pas beaucoup plus de vigueur dans l'intérieur des terres que fur le rivage. Après une médiocre réfiftance & d'affez grandes pertes, ils fe réfugièrent dans le continent avec une facilité qu'un vainqueur qui auroit fu profiter de fes avantages ne leur auroit pas donnée.

Les nouveaux républicains abandonnèrent la ville de New-York beaucoup plus facilement encore qu'ils n'avoient évacué l'Ifle-Longue ; & ils fe replièrent fur Kingsbridge ou le Pont du Roi, où tout paroiffoit difpofé pour une réfiftance opiniâtre.

Si les Anglois avoient fuivi leurs premiers fuccès avec la vivacité qu'exigeoient les circonftances, les nouvelles levées qu'ont leur oppofoit auroient été infailliblement difperfées ou réduites à mettre bas les armes. On leur laiffa fix femaines pour fe raffurer ; & elles n'abandonnèrent leurs retranchemens

que dans la nuit du premier au fecond no-
vembre, lorfque les mouvemens qui fe faifoient fous leurs yeux les convainquirent
que leur camp alloit être enfin attaqué.

Leur chef, Washington, n'avoit pas voulu
confier la deftinée de fa patrie à une action,
qui auroit pu, qui naturellement auroit dû
être décifive contre les grands intérêts qui
lui étoient confiés. Il favoit que les délais
toujours favorables à l'habitant d'une contrée, font toujours funeftes à l'étranger.
Cette conviction le détermina à fe replier
fur le Jerfey, avec le projet de traîner la
guerre en longueur. Favorifé par l'hiver
par la connoiffance du pays, par la nature
du terrein qui ôtoit à la difcipline une partie
de fes avantages, il pouvoit fe flatter de
couvrir la plus grande partie de cette fertile
province, & de tenir l'ennemi éloigné de
la Penfilvanie. Tout-à-coup, il avoit fes drapeaux abandonnés par des foldats dont l'en-
gagement n'étoit que pour fix ou même pour
trois mois, & d'une armée de vingt-cinq
mille hommes, à peine lui en refte-t-il deux
mille cinq cens avec lefquels il eft trop

heureux de pouvoir fe fauver au-delà de la Delaware.

Sans perdre un moment, les troupes roya-les devoient paffer la riviere à la fuite de ce petit nombre de fugitifs, & achever de les difperfer. Si les cinq mille hommes deftinés à la conquête de Rhode - Ifland l'avoient re-montée fur les navires qui les portoient, la jonction des deux corps fe feroit faite fans oppofition dans Philadelphie même; & la nouvelle république étoit étouffée dans la ville célèbre & intéreffante qui lui avoit fervi de berceau.

Peut-être reprocha t-on, dans le tems, au général Anglois d'avoir été timide & trop circonfpect dans les opérations de la cam-pagne. Ce qui eft certain, c'eft qu'il fut téméraire dans la diftribution de fes quartiers d'hiver. Il les prit, comme s'il ne fût pas refté en Amérique un feul individu qui eût eu ou la volonté ou le pouvoir de les in-quieter.

Cette préfomption enhardit les milices de la Penfilvanie, du Maryland, de la Virgi-nie, accourues & réunies pour leur falut

commun. Le 25 décembre, elles traversent
la Délaware & fondent inopinément sur
Trenton, occupé par quinze cens des douze
mille Heffois, si lâchement vendus à la
Grande-Bretagne par leur avare maître. Ce
corps eft maffacré, pris ou difperfé tout
entier. Huit jours après, trois régimens
Anglois font également chaffés de Princeton:
mais après avoir mieux foutenu leur répu-
tation que les troupes étrangères à leur folde.
Ces événemens inattendus réduifent les
ennemis de l'Amérique dans le Jerfey, aux
poftes d'Amboy & de Brunfwick : encore
y font-ils très-harcelés durant le refte de la
mauvaife faifon. L'effet des grandes paffions
& des grands dangers eft fouvent d'étonner
l'ame & de la jetter dans une forte d'en-
gourdiffement qui la prive de l'ufage de
fes forces. Peu-à-peu, elle revient à elle-
même, & fe reconnoît. Toutes fes facultés
fufpendues un moment, fe développent avec
plus de vigueur. Elle tend tous fes refforts,
& fa force fe met au niveau de fa fituation.
Dans une grande multitude; quelques-uns
éprouvent d'abord cet effet, & il fe commu-

nique rapidement à tous. Cette révolution s'étoit opérée dans les états confédérés. Il en fortoit de toutes parts des hommes armés.

La campagne de 1777 s'ouvre très-tard. L'Armée Angloife, defespérant de fe tracer par le Jerfey une route en Penfilvanie, s'embarque enfin le 23 juillet, & atteint par la baie de Chefapeak une contrée qu'on pouvoit reprocher à fes generaux de n'avoir pas envahie l'année précédente. Sa marche n'eft pas interrompue jufqu'a Brandywine. Là, elle attaque, elle bat les Américains le 11 feptembre ; & arrive le 30 à Philadelphie, abandonnée le 25 par le congrès, & quelques jours plutôt ou plus tard par le plus grand nombre de fes habitans.

Cette conquête n'a aucune fuite. Le vainqueur ne voit autour de lui que haîne, que dévaftation. Refferré dans un efpace très-circonfcrit, il rencontre des obftacles infurmontables pour s'étendre fur un territoire inculte. Son or même ne lui fait pas trouver des reffources dans les diftricts voifins ; & ce n'eft qu'au travers des mers, que peuvent lui arriver fes fubfiftances. L'ennui d'une prifon qui dure depuis neuf mois, le détermine à regagner New-York par le Jerfey; & fous le commandement de Clinton, fucceffeur de Howe, il exécute cette longue & périlleufe retraite avec moins de perte qu'un ennemi plus expérimenté ne lui en auroit caufée.

Tandis que les Anglois languiffoient en Penfilvanie, une grande fcène s'ouvre dans les contrées plus feptentrionales de l'Amérique. Carleton avoit chaffé au mois de mai 1776, les provinciaux du Canada, & détruit en octobre les bâtimens de guerre qu'ils avoient conftruits fur le lac Champlain. Ce fuccès conduifit Burgoyne à Ticonderago au mois de juillet de l'année fuivante. A fon approche, une garnifon de quatre mille hommes abandonna ce pofte important, avec perte de fon artillerie, de fes munitions, de fon arrière-garde.

Le général Anglois étoit naturellement préfomptueux. Une foibleffe fi marquée accrut fon audace. Il avoit conçu le deffein de réunir les troupes du Canada à celles de New-York par les rives de l'Hudfon. Ce projet étoit grand & hardi. S'il eût réuſſi, il coupoit en deux l'Amérique ſeptentrionale & peut-être il terminoit la guerre. Mais pour le ſuccès, il auroit fallu que pendant qu'une armée deſcendroit le fleuve, l'autre armée le remontât. Cette Combinaiſon ayant manqué, Burgoyne devoit ſentir, dès les premiers pas, que ſon entrepriſe étoit chimérique. A chaque marche, elle le devenoit davantage. Ses communications s'alongeoient ; ſes vivres diminuoient; les Américains reprenant courage ſe raſſembloient de toutes parts autour de lui. Enfin ce malheureux corps d'armée ſe trouva envveloppé le 13 octobre à Saratoga; & les nations apprirent avec étonnement que ſix mille ſoldats des mieux diſciplinés de l'ancien hémiſphère avoient mis les armes bas devant les agriculteurs du nouveau, conduits par l'heureux Gates. Ceux qui ſe rappelloient que les Suédois de Charles XII juſqu'alors invincibles avoient capitulé devant les Ruſſes encore barbares, n'accuſoient pas les troupes Angloiſes, & blâmoient ſeulement l'imprudence de leur général.

Cet événement, ſi déciſif au jugement de

nos politiques, n'eut pas plus de fuite que n'en avoient eue les actions moins favorables aux armes Américaines. Après trois ans de combats, de dévastations, de massacres, l'état des choses ne se trouva guère différent de ce qu'il étoit quinze jours après les premières hostilités. Tâchons de démêler les causes de cette étrange singularité.

D'abord la Grande-Bretagne, accoutumée aux orages dans son propre pays, ne vit pas dans la tempête qui s'élevoit sur ses possessions éloignées tout ce qu'elle pouvoit avoir de dangereux. Depuis long-tems ses troupes étoient insultées dans Boston ; il s'étoit formé dans la province de Massachuset une autorité indépendante de la sienne ; les autres colonies se disposent à suivre cet exemple, sans que l'administration se fût sérieusement occupée de ces grands objets. Lorsqu'ils furent mis sous les yeux du parlement, les deux chambres se remplirent de clameurs ; & l'on y déclamoit encore après avoir long-tems déclamé. Le sénat de la nation arrêta enfin, que la contrée rebelle à ses décrets y seroit soumise par la force : mais cette résolution vio-

Pourquoi les Anglois ne sont point parvenus à soumettre les provinces confédérées.

H 5

lente fut exécutée avec les lenteurs trop ordinaires dans les états libres.

L'Angleterre penſa généralement que des côtes ſans défenſe, que des contrées entiérement ouvertes ne réſiſteroient pas à ſes flottes & à ſes armées. Cette expédition ne lui paroiſſoit pas devoir être aſſez longue pour que les paiſibles cultivateurs de l'Amérique euſſent le tems de s'inſtruire dans l'art de la guerre. On oublia de faire entrer en calcul le climat, les rivières, les défilés, les bois, les marais, le défaut de ſubſiſtances à meſure qu'on avanceroit dans l'intérieur des terres, une infinité d'autres obstacles phyſiques qui s'oppoſeroient à de rapides progrès dans un pays dont les trois quarts étoient incultes & qu'il falloit regarder comme neuf.

L'influence des cauſes morales retarda encore plus les ſuccès.

La Grande-Bretagne eſt la région des partis. Ses Rois parurent aſſez généralement convaincus de la néceſſité d'abandonner la direction des affaires à la faction qui prévaloit. Elle les conduiſoit communément avec intelligence & avec vigueur, parce que les principaux agens qui la compofoient étoient animés d'un intérêt commun. Alors à l'efprit public qui règne en Angleterre plus que dans aucun gouvernement de l'Europe, fe joignoit encore la force d'une faction, & cet efprit de parti, premier reffort peut être des républiques qui remue fi puiffamment les ames, parce qu'il eft toujours l'effet d'une paffion. Pour fortir de cette longue tutèle, George III compofa fon confeil de membres ifolés. Cette innovation n'eut pas de grands inconvéniens tant que les événemens roulèrent dans leur cercle ordinaire. Mais auffi - tôt que la guerre d'Amérique eut compliqué une machine qui déjà n'étoit pas trop fimple, on s'apperçut qu'elle n'avoit ni cette force ni cette union fi néceffaires pour exécuter de grandes chofes. Les roues trop divifées manquoient, pour ainfi dire, d'une impulfion commune, & d'un centre de mouvement. Leur marche fut tour-à-tour tardive & précipitée. L'adminiftration reffembla trop à celle d'une monarchie ordinaire, quand le principe d'action ne part point de la tête d'un monarque actif & intelligent qui raffemble lui-même fous fa main tous les refforts. Il n'y eut plus d'enfemble dans les entreprifes; il n'y en eut pas davantage dans leur exécution.

Un miniftère fans harmonie & fans accord fe vit expofé aux attaques fans ceffe renaiffantes d'un corps ennemi, uni & ferré. Ses réfolutions quelles qu'elles fuffent, étoient combattues par le ridicule ou par le raifonnement. On le blâmoit d'avoir févi contre des citoyens éloignés comme on l'auroit blâmé de les avoir ménagés. Ceux même qui, dans le parlement s'élevoient avec le plus de véhémence contre le traitement fait aux Américains; ceux qui les encourageoient le plus à la refiftance; ceux qui peut-être leur faifoient paffer des fecours fecrets, étoient auffi oppofés à l'indépendance que les adminiftrateurs qu'on travailloit fans relâche à avilir ou à rendre odieux. Si l'oppofition eût réuffi à dégoûter le prince de fes confidens, ou à en obtenir le facrifice par le cri de la nation, le projet de fubjuguer l'Amérique eût été fuivi: mais avec plus de di-

gnité, plus de force & des mesures peut-
être mieux combinées. La réduction des
provinces révoltées ne devant pas être son
ouvrage, elle aime mieux que cette immense
partie de l'empire Britannique en fut fépa-
rée, que fi elle y restoit attachée par d'autres
mains que les siennes.

L'activité des généraux ne répare pas le
vice de ces contrariétés, & des lenteurs qui
en étoient la fuite. Ils accordèrent au foldat
de trop longs repos ; ils employèrent à
méditer le tems d'agir ; ils approchèrent des
nouvelles levées avec les mêmes précautions
qu'il auroient prifes devant des troupes exer-
cées. Les Anglois, qui ont tant d'impétuofité
dans leurs factions, portent par-tout ailleurs
un caractére froid & calme. Il leur faut des
paffions violentes pour les agiter. Quand
ce reffort leur manque, ils calculent tous
leurs mouvemens. Alors ils fe gouvernent
par la trempe de leur efprit qui en général,
fi on excepte les arts de l'imagination &
du goût, eft par-tout ailleurs méthodique &
fage. A la guerre, leur valeur ne perd jamais
de vue les principes, & accorde peu au

hafard. Rarement laiffent-ils fur leurs flancs
ou derrière eux quelque chofe qui puiffe
leur donner de l'inquiétude. Ce fyftême a fes
avantages, fur-tout dans un pays étroit &
refferré, dans un pays hériffé de fortereffes
ou de places de guerre. Mais dans les circonftances préfentes & fur le vafte continent de l'Amérique, contre un peuple à
qui il ne falloit donner le tems ni de fe
fortifier, ni de s'aguerrir, la perfection de
l'art eût été peut-être de l'oublier pour y
fubftituer une marche impétueufe & rapide,
& cette audace qui étonne, frappe & ren-
verfe à la fois. C'étoit dans les premiers
momens fur-tout qu'il eût fallu imprimer
aux Américains, non pas la terreur des ravages qui indignent plus qu'ils n'épouvantent
un peuple armé pour fa liberté : mais cet
effroi qui naît de la fupériorité des talens &
des armes, & qu'un peuple guerrier de l'ancien monde devoit naturellement porter
dans le nouveau. La confiance de la victoire
eût été bientôt la victoire même. Mais par
trop de circonfpection, par leur attachement
trop fervile aux principes & aux régles, des

chefs peu habiles manquèrent de rendre à leur patrie le fervice qu'elle attendoit d'eux, & qu'elle étoit en droit d'en attendre.

De leur côté les troupes ne preffoient pas leurs officiers de les mener au combat. Elles arrivoient d'un pays où la caufe qui leur avoit fait paffer tant de mers ne faifoit aucune fenfation. C'étoit aux yeux des peuples une effervefcence qui ne pouvoit pas avoir de fuites. Les débats qu'elle occafionnoit dans le parlement, ils les confondoient avec d'autres débats fouvent de très-peu d'importance. On n'en parloit point; ou fi quelques perfonnes s'en entretenoient, elles n'y mettoient pas plus d'intérêt qu'à ces nouvelles, qui, dans les grandes villes, occupent l'oifiveté de chaque jour. L'indifférence de la nation s'étoit communiquée aux défenfeurs de fes droits. Peut-être même auroient-ils craint de remporter des avantages trop décififs fur des concitoyens qui n'avoient pris les armes que pour repouffer des fers. Dans toutes les monarchies de l'Europe, le foldat n'eft qu'un inftrument de defpotifme, & il en a les fentimens. Il croit appartenir au trône & non à la patrie; & cent mille hommes armés ne font que cent mille efclaves difciplinés & terribles. L'habitude même d'exercer l'empire de la force, cet empire à qui tout cède, contribue à éteindre en eux toute idée de liberté. Enfin le régime & la fubordination militaire, qui, à la voix d'un feul homme, meut des milliers de bras, qui ne permet ni de voir, ni d'interroger, & fait au premier fignal une loi de tuer ou de mourir, achève de changer en eux ces fentimens en principes, & en fait pour ainfi dire la morale de leur état. Il n'en eft pas de même en Angleterre. L'influence de la conftitution eft fi forte, qu'elle s'étend même fur les troupes. Un homme y eft citoyen avant d'être foldat. L'opinion publique, d'accord avec la conftitution, honore l'un de ces titres, & fait peu de cas de l'autre. Auffi voit-on par l'hiftoire des révolutions arrivées dans cette ifle fi orageufe, que le foldat Anglois, quoiqu'engagé pour fa vie, conferve pour la liberté politique une paffion dont on fe feroit l'idée difficilement dans nos contrées d'efclavage.

Comment l'ardeur qui manquoit aux troupes

pes Britanniques auroit-elle animé les Hes-
fois, les Brunfwickois, les autres Allemands
rangés fous les mêmes drapeaux, tous également mécontens des fouverains qui les
avoient vendus, mécontens du prince qui
les avoit achetés, mécontens de la nation
qui les foudoyoit, mécontens de leurs ca-
marades qui méprifoient en eux des mercenaires? Ces braves gens n'avoient pas
époufé dans leur cœur une querelle à laquelle
ils étoient abfolument étrangers. D'ailleurs
ils avoient auffi dans le champ ennemi des
frères auxquels ils craignoient de donner la
mort, de la main defquels ils n'auroient pas
voulu recevoir des bleffures.

L'efprit des armées Angloifes avoit encore
changé par une fuite de la révolution arrivée depuis quinze ou dix-huit ans dans les
mœurs de leur nation. Les fuccès de la dernière guerre; l'extenfion que le commerce
avoit reçu après la paix; les grandes acquifitions faites dans les Indes orientales: tous ces
moyens de fortune avoient accumulé fans
interruption des richeffes prodigieufes dans
la Grande-Bretagne. Ces tréfors allumèrent

I

le defir de nouvelles jouiffances. Les grands
en allèrent puifer l'art dans les pays étrangers, fur-tout en France, & en empoifon-
uèrent leur pays. Des conditions fupérieures,
il fe répandit dans toutes les claffes. A un
caractère fier, fimple & réfervé, fuccéda le
goût du fafte, de la diffipation, de la galan-
terie. Les voyageurs qui avoient anciennement vifité cette ifle fi renommée, fe
croyoient fous un autre ciel. La contagion
avoit gagné les troupes. Elles portèrent dans
le nouvel hémifphère la paffion qu'elles
avoient contractée dans l'ancien pour le jeu,
pour les commodités, pour la bonne chère.
En s'éloignant des côtes, il auroit fallu renoncer aux fuperfluités dont on étoit épris;
& ce goût de luxe, cette ardeur d'autant plus
violente qu'elle étoit récente, n'encourageoient pas à pourfuivre dans l'intérieur des
terres un ennemi toujours prêt à s'y enfoncer.
Politiques nouveaux qui avancez avec tant
de confiance que les mœurs n'ont aucune
influence fur le fort des états; que pour eux
la mefure de la grandeur eft celle de fa
richeffe: que le luxe de la paix & les vo-

luptés du citoyen ne peuvent affoiblir l'effet
de ces grandes machines qu'on nomme des
armées, & dont la difcipline Européenne a
tant perfectionné felon vous le jeu fûr & terrible : vous qui, pour foutenir votre opinion, détournez vos regards des cendres de
Carthage & des ruines de Rome, fur le récit
que je vous fais, fufpendez du moins votre
jugement, & croyez que peut-être il eft des
occafions de fuccès qu'ôte le luxe. Croyez
que pour des troupes même braves, l'indépendance des befoins fut fouvent le premier
reffort de la victoire. Il eft trop aifé peut-être
de n'affronter que la mort. Aux nations
corrompues par l'opulence, eft réfervée une
épreuve plus difficile : celle de fupporter la
perte de leurs plaifirs.

Ajoutez à toutes ces raifons, que les
moyens de guerre arrivèrent rarement, au
travers de tant de mers, dans les faifons
convenables pour l'action. Ajoutez que les
confeils de Georges III voulurent avoir trop
d'influence dans les opérations militaires qui
devoient s'exécuter fi loin d'eux; & vous
connoîtrez la plupart des obftacles qui s'op-

posèrent au succès des efforts ruineux de la métropole contre la liberté de ses colonies.

Pourquoi les provinces confédérées n'ont pas réussi à chasser les Anglois du continent Américain.

Mais l'Amérique elle-même, comment ne repoussa-t-elle pas de ses rivages ces Européens qui lui portoient la mort ou des chaînes?

Ce nouveau-monde étoit défendu par des troupes réglées, qu'on n'avoit d'abord enrôlées que pour trois ou pour six mois, & qui le furent dans la suite pour trois ans ou même pour tout le tems que pourroient durer les hostilités. Il étoit défendu par des citoyens qui ne se mettoient en campagne que lorsque leur province particulière étoit ou envahie, ou menacée. Ni l'armée toujours sur pied, ni les milices passagèrement assemblées n'avoient l'esprit militaire. C'étoient des cultivateurs, des marchands, des jurisconsultes, uniquement exercés aux arts de la paix, & conduits au péril par des guides aussi peu versés que leurs subalternes dans la science très-compliquée des combats. Dans cet état de choses, quel espoir de se mesurer avec avantage contre des hommes vieillis dans la discipline, formés aux évolutions, inſtruits dans la tactique, & abondamment pourvus de tous les inſtrumens néceſſaires à une attaque vive, à une réſiſtance opiniâtre?

L'enthouſiaſme ſeul auroit pu ſurmonter ces difficultés: mais en exiſta-t-il plus réellement dans les colonies que dans la métropole?

L'opinion générale étoit en Angleterre que le parlement avoit eſſentiellement le droit de taxer toutes les contrées qui faiſoient partie de l'empire Britannique. Peut-être au commencement des troubles n'y auroit on pas trouvé cent individus qui révoquaſſent en doute cette autorité. Cependant le refus que faiſoient les Américains de la reconnoître, n'indiſpoſoit pas les eſprits. On ne leur porta point de haîne, même après qu'ils eurent pris les armes pour ſoutenir leurs prétentions. Comme les travaux ne languiſſoient pas dans l'intérieur du royaume, que la foudre ne grondoit qu'au loin, chacun s'occupoit paiſiblement de ſes affaires, ou ſe livroit tranquillement à ſes plaiſirs. Tous attendoient ſans impatience la

fin d'une scène dont, à la vérité, le dénouement ne leur paroiſſoit pas incertain.

La fermentation dut ſe montrer d'abord
plus grande dans le nouvel hémiſphère que
dans l'ancien. Prononça-t-on jamais aux nations le nom odieux de tyrannie, le mot ſi
doux d'indépendance, ſans les remuer? Mais
cette chaleur ſe ſoutint-elle? Si les imaginations s'étoient maintenues dans leur premier
mouvement, le beſoin d'en réprimer les excès
n'auroit-il pas occupé les ſoins d'une autorité
naiſſante? Mais loin d'avoir à contenir l'audace, ce fut la lâcheté qu'elle eut à pour-
ſuivre. On la vit punir de mort la déſertion,
& ſouiller par des aſſaſſinats l'étendart de la
liberté. On la vit ſe refuſer à l'échange des
priſonniers, de peur d'augmenter dans les
troupes, le penchant de ſe rendre à la première ſommation. On la vit réduite à la néceſſité d'ériger des tribunaux chargés de pour-
ſuivre les généraux ou leur lieutenans qui
abandonneroient trop légérement les poſtes
confiés à leur vigilance. Il eſt vrai qu'un vieil-
lard de quatre-vingt ans, qu'on vouloit ren-
voyer dans ſes foyers, s'écria : *Ma mort peut*

*être utile ; je couvrirai de mon corps un plus
jeune que moi.* Il eſt vrai que Putnam dit a un
royaliſte ſon priſonnier: *Retourne vers ton
chef, & s'il te demande combien j'ai de troupes,
réponds-lui que j'en ai aſſez ; que quand il par-
viendroit à les battre, il m'en reſteroit encore
aſſez ; & qu'il finira par éprouver que j'en ai
trop pour lui & pour les tyrans qu'il ſert.* Ces
ſentimens étoient héroïques, mais rares ; &
chaque jour ils devenoient moins communs.

Jamais l'ivreſſe ne fut générale ; & elle ne
pouvoit être que momentanée. De toutes les
cauſes énergiques qui produiſirent tant de révolutions ſur le globe, aucune n'exiſtoit dans
le nord de l'Amérique. Ni la religion, ni les
loix n'y avoient été outragées. Le ſang des
martyrs ou des citoyens n'y avoit pas ruiſſelé
ſur des échafauds. On n'y avoit pas inſulté
aux mœurs. Les manières, les uſages, aucun
des objets chers aux peuples n'y avoient été
livrés au ridicule. Le pouvoir arbitraire n'y
avoit arraché aucun habitant du ſein de ſa
famille ou de ſes amis, pour le traîner dans
les horreurs d'un cachot. L'ordre public n'y
avoit pas été interverti. Les principes d'ad-

miniſtration n'y avoient pas changé; & les maximes du gouvernement y étoient toujours reſtées les mêmes. Tout ſe réduiſoit à ſavoir ſi la métropole avoit ou n'avoit pas le droit de mettre directement ou indirectement un léger impôt ſur les colonies : car les griefs accumulés dans le manifeſte n'eurent de valeur que par ce premier grief. Cette queſtion preſque métaphyſique, n'étoit guère propre à ſoulever une multitude, ou du-moins à l'intéreſſer fortement à une querelle pour laquelle elle voyoit ſes terres privées des bras deſtinés à les féconder, ſes moiſſons ravagées, ſes campagnes couvertes des cadavres de ſes proches ou teintes de ſon propre ſang. A ces calamités, ouvrage des troupes royales ſur la côte, s'en joignirent bientôt de plus inſupportables dans l'intérieur des terres.

Jamais l'inquiétude des cours de Londres & de Verſailles n'avoit troublé le nord de l'Amérique, ſans que les deux puiſſances n'euſſent mêlé dans leurs ſanglans débats les peuples errans dans cette partie du nouvel hémiſphère. Inſtruits par l'expérience de ce que ces hordes pouvoient apporter de poids dans la balance, les Anglois & les colons réfolurent également de les employer à leur deftruction mutuelle.

Carleton tenta le premier d'armer dans le Canada des mains barbares... " C'eft, ré-
" pondit-on à fes folicitations, c'eft le dé-
" mêlé d'un père avec fes enfans ; il ne nous
" convient point d'entrer dans cette brouille-
" rie domeftique... Mais fi les rébelles ve-
" noient attaquer cette province, ne nous
" aideriez-vous pas à les repouffer ?.. Depuis
" la paix, la hache de la guerre eft enfevelie
" à quarante braffes de profondeur... Vous
" la trouveriez fûrement, fi vous fouilliez la
" terre... Le manche en eft pourri, & nous
" n'en pourrions faire aucun ufage. "

Les Etats-Unis ne furent pas plus heureux. " Nous avons entendu parler des dif-
" férends furvenus entre l'ancienne & la
" Nouvelle-Angleterre, dit la tribu des
" Onéidas à leurs députés. Jamais nous ne
" prendrons part à vos divifions attroces. La
" guerre entre des frères eft une chofe
" étrange & nouvelle dans ces régions.
" Nos traditions ne nous ont laiffé aucun

" exemple de cette nature. Etouffez vos haînes
" insensées ; & qu'un ciel favorable dissipe
" le sombre nuage qui vous enveloppe. "

Les seuls Masphis parurent s'intéresser au
sort des Américains. " Voilà seize sche-
" lings, leur dirent ces bons sauvages.
" C'est tout ce que nous possédons. Nous
" comptions en acheter du rum; nous boi-
" rons de l'eau. Nous irons châsser. Si
" quelques bêtes tombent sous nos flèches,
" nous en vendrons les peaux, & nous vous
" en porterons le prix. "

Mais avec le tems, les agens très actifs de
la Grande-Bretagne réussirent à lui concilier
plusieurs nations aborigènes. Ses intérêts
furent préférés à ceux de ses ennemis, &
parce que les distances ne lui avoient pas
permis de faire aux sauvages les outrages,
qu'ils avoient reçus de leurs fiers voisins
& parce qu'elle pouvoit, qu'elle vouloit
mieux payer les services qu'on seroit à por-
tée de lui rendre. Sous ses drapeaux, des
alliés, dont le caractère féroce n'avoit pas
de frein, firent cent fois plus de mal aux
colons établis près des montagnes, que n'en

fouffroient des troupes royales ceux de leurs concitoyens qu'une deftinée plus heureufe avoit fixés fur les bord de l'océan.

Ces calamités n'attaquoient qu'un nombre d'Américains plus ou moins confidérable: mais bientôt un vice intérieur les affligea tous.

Les métaux qui fur le globe entier repré-fentent tous les objets de commerce, ne furent jamais abondans dans cette partie du nouveau monde. Le peu qu'on y envoyoit difparut même aux premières hoftilités. A ces fignes d'une convention univerfelle, furent fubftitués des fignes particuliers à ces contrées. Le papier remplaça l'argent. Pour donner quelque dignité au nouveau gage, il fut entouré d'emblêmes qui dévoient continuellement rappeller aux peuples la grandeur de leur entreprife, le prix inap-préciable de la liberté, la néceffité d'une perfévérance fupérieure à toutes les infor-tunes. L'artifice ne réuffit pas. Ces richeffes idéales furent repouffées. Plus le befoin obli-geoit à les multiplier, plus leur aviliffe-ment croiffoit. Le congrès s'indigna des

affronts faits à fa monnoie ; & il déclara
traîtres à la patrie tous ceux qui ne la rece-
vroient pas comme ils auroient reçu de l'or.

Eft-ce que ce corps ignoroit qu'on ne
commande pas plus aux efprits qu'aux fentimens ? eft-ce qu'il ne fentoit pas que dans
la crife préfente, tout citoyen raifonnable
craindroit de commettre fa fortune ? eft-ce
qu'il ne s'appercevoit pas qu'à l'origine d'une
république, il fe permettoit des actes d'un
defpotifme inconnus dans les régions même
façonnées à la fervitude ? Pouvoit-il fe
diffimuler qu'il puniffoit un défaut de confiance des mêmes fupplices qu'on auroit à
peine mérités par la revolte & par la trahifon ? Le congrès voyoit tout cela. Mais le
choix des moyens lui manquoit. Ses feuilles
méprifables & méprifées étoient réellement
trente fois au-deffous de leur valeur origi-
naire, qu'on en fabriquoit encore. Le 13
feptembre 1779, il y en avoit dans le public
pour 799,744,000 livres. L'état devoit d'ailleurs 188,670,525 livres, fans compter les
dettes particulières à chaque province.

Les peuples n'étoient pas dédommagés

d'un fléau qu'on peut nommer domeſtique,
par une communication facile avec toutes
les autres parties du globe. La Grande-
Bretagne avoit intercepté leur navigation
avec l'Europe, avec les Indes occidentales,
avec tous les parages qui couvroient leurs
navires. Alors, ils dirent à l'univers, " C'eſt
" le nom Anglois qui nous a rendus odieux ;
" nous l'abjurons ſolemnellement. Tous les
" hommes ſont nos frères. Nous ſommes
" amis de toutes les nations. Tous les pavil-
" lons peuvent, ſans crainte d'inſulte, ſe
" montrer ſur nos côtes, fréquenter nos
" ports. " On ne ſe rendit pas à une invi-
tation en apparence ſi ſéduiſante. Les états
vraiment commerçans, inſtruits que l'Amérique ſeptentrionale avoit été réduite à
contracter des dettes, à l'époque même
de ſa plus grande proſpérité penſèrent judi-
cieuſement que dans ſa détreſſe actuelle
elle ne pourroit payer que fort peu de choſe
de ce qui lui ſeroit apporté. Les ſeuls François, qui oſent tout, oſèrent braver les inconvéniens de cette liaiſon nouvelle. Mais
par la vigilance éclairée de l'amiral Howe,

la plupart des navires qu'ils expédièrent furent pris avant d'arriver à leur deſtination, & les autres à leur départ des bords Américains. De pluſieurs centaines de bâti-mens ſortis de France, il n'y en rentra que vingt-cinq ou trente, qui même ne donnèrent point ou ne donnèrent que fort peu de bénéfice à leurs armateurs.

Une foule de privations, ajoutée à tant d'autres fléaux, pouvoit faire regretter aux Américains leur ancienne tranquillité, les incliner à un raccommodement avec l'Angleterre. En vain on avoit lié les peuples par la foi des ſermens & par l'empire de la religion au nouveau gouvernement. En vain on avoit cherché à les convaincre de l'impoſſi-bilité de traiter ſûrement avec une métro-pole, où un parlement renverſeroit ce qu'un autre parlement auroit établi. En vain on les avoit menacés de l'éternel reſſentiment d'un ennemi outragé & vindicatif. Il étoit poſſible que ces inquiétudes éloignées ne ba-lançaſſent pas le poids des maux préſens.

Ainſi le penſoit le miniſtère Britannique, lorſqu'il envoya dans le nouveau-monde des

agens publics, autorifés à tout offrir, excepté
l'indépendance, à ces mêmes Américains
dont deux ans auparavant on exigeoit une
foumiffion illimitée. Il n'eft pas fans vrai-
femblance que quelques mois plutôt ce plan
de conciliation auroit produit un rapproche-
ment. Mais à l'époque où la cour de Londres
le fit propofer, il fut rejetté avec hauteur,
parce qu'on ne vit dans cette démarche que
de la crainte & de la foibleffe. Les peuples
étoient déjà raffurés. Le congrès, les généraux, les troupes, les hommes adroits ou
hardis, qui dans chaque colonie s'étoient
faifis de l'autorité: tout avoit recouvré fa
première audace. C'étoit l'effet d'un traité
d'amitié & de commerce entre les Etats-Unis
& la cour de Verfailles, figné le 6 février
1778.

Si le miniftère Britannique y avoit réfléchi, il auroit compris que le même délire
qui l'entraînoit à l'attaque de fes colonies,
réduifoit à la néceffité de déclarer dans
l'inftant la guerre à la France. Alors régnoit
dans les confeils de cette couronne la circonfpection que doit toujours infpirer un

La France reconnoît l'indépendance des Etats Ce te démarche occafionne la guerre entre cette cou-

nouveau règne. Alors fes finances étoient dans la confufion, où les avoient plongées vingt ans de folie. Alors le délabrement de fa marine rempliffoit d'inquiétude tous les citoyens. Alors l'Efpagne, déjà fatiguée de fon extravagante expédition d'Alger, fe trouvoit dans des embarras qui ne lui auroient pas permis d'accourir au fecours de fon allié. L'Angleterre pouvoit fe promettre fans témérité des fuccès contre le plus puiffant de fes ennemis : & intimider l'Amérique par des victoires remportées ou par des conquêtes faites à fon voifinage. L'importance dont il étoit pour cette couronne d'ôter à fes fujets rébelles le feul appui qui leur fût affuré , auroit diminué l'indignation qu'infpire la violation des traités les plus folemnels.

George III ne vit rien de tout cela. Les fecours obfcurs que la cour de Verfailles faifoit paffer aux provinces armées pour la défenfe de leurs droits, ne lui deffillèrent pas les yeux. Les atteliers de cette puiffance étoient remplis de conftructeurs. Ses arfenaux fe rempliffoient d'artillerie. Il ne reftoit plus de place dans fes magafins pour de nouvelles

munitions

munitions navales. Ses ports préfentoient l'appareil le plus menaçant; & cet étrange aveuglement continuoit encore. Pour tirer Saint-James de fa léthargie, il fallut que Louis XVI y fit fignifier le 14 mars qu'il avoit reconnu l'indépendance des Etats-Unis.

Cette déclaration étoit une déclaration de guerre. Il étoit impoffible qu'une nation, plus accoutumée à faire qu'à recevoir des outrages, fouffrit patiemment qu'on déliât fes fujets de leur ferment de fidélité, qu'on les élevat avec éclat au rang des puiffances fouveraines. Toute l'Europe prévit que deux peuples rivaux depuis plufieurs fiècles alloient teindre de fang les eaux de l'océan, & jouer encore ce jeu terrible où les profpérités publiques ne compenferont jamais les défaftres particuliers. Ceux en qui l'ambition n'avoit pas étouffé toute bienveillance pour leurs femblables, déploroient d'avance les calamités qui, dans les deux hémifphères étoient prêtes à tomber fur le genre-humain.

Cependant la fcène fanglante ne s'ouvroit pas, & ce délai faifoit efpérer la continuation de la paix à quelques efprits crédules.

K

On ignoroit qu'une flotte partie de Toulon étoit chargée de combattre les Anglois dans le nord de l'Amérique. On ignoroit que des ordres expédiés de Londres prefcrivoient de chaffer les François des Indes orientales. Sans être initiés dans ces myftères de perfidie, qu'une politique infidieufe eft parvenue à faire regarder comme de grands coups d'état, les hommes vraiment éclairés jugeoient les hoftilités inévitables, prochaines même fur notre océan. Ce dénouement prévu fut amené par le combat de deux frégates, livré le 17 juin 1778.

Ici notre tâche devient de plus en plus difficile. Notre objet unique eft d'être utile & vrai. Loin de nous tout efprit de parti qui aveugle & dégrade ceux qui conduifent les hommes & ceux qui ofent afpirer à les inftruire. Nos vœux font pour la patrie, & nos hommages pour la juftice. En quelque lieu, fous quelque forme que la vertu fe préfente, c'eft-elle que nous honorons. Les diftinctions de fociétés & d'états ne peuvent nous la rendre étrangère; & l'homme jufte & magnanime eft par tout notre concitóyen.

Si dans les divers événemens, qui paſſent ſous nos yeux, nous blâmons avec courage ce qui nous paroît devoir l'être, nous ne cherchons pas le triſte & vain plaiſir d'une indiſcréte cenſure. Mais nous parlons aux nations & à la poſtérité. Nous leur devons tranſmettre fidèlement ce qui peut influer ſur le bonheur public. Nous leur devons l'hiſtoire des fautes pour apprendre à les éviter. Si nous oſions trahir un ſi noble devoir, nous flatterions peut-être la génération préſente qui paſſe & qui fuit : mais la juſtice & la vérité qui ſont éternelles nous dénonceroient aux générations à venir qui nous liroient avec mépris, & ne prononceroient notre nom qu'avec dédain. Dans cette longue carriére nous ſerons juſtes envers ceux qui exiſtent encore, comme nous l'avons été envers ceux qui ne ſont plus. Si parmi les hommes puiſſans, il en eſt qui s'offenſent de cette liberté, ne craignons pas de leur dire que nous ne ſommes que les organes d'un tribunal ſuprême que la raiſon élève enfin ſur un fondement inébranlable. Il n'y a plus en Europe de gouvernement qui ne

doive en redouter les arrêts. L'opinion publique qui s'éclaire de plus en plus, & que
rien n'arrête ou n'intimide, a les yeux
ouverts fur les nations & fur les cours. Elle
pénètre dans les cabinets où la politique
s'enferme. Elle y juge les dépofitaires du
pouvoir, & leurs paffions, & leur foibleffe ;
& par l'empire du génie & des lumières
s'élève de toute part au-deffus des adminiftrateurs pour les diriger ou les contenir.
Malheur à ceux qui la dédaignent ou qui la
bravent! Cette apparente audace n'eft que
de l'impuiffance. Malheur à ceux qui par
leurs talens n'ont pas de quoi foutenir fes
regards! Qu'ils fe rendent juftice & dépo-
fent un fardeau trop péfant pour leurs foibles mains. Ils cefferont du moins de com-
promettre eux - mêmes & les états.

La France commençoit la guerre avec des
avantages inappréciables. Le lieu, le tems,
les circonftances : elle avoit tout choifi. Ce
ne fut qu'après avoir fait à loifir fes préparatifs ; qu'après avoir porté fes forces au degré
qui lui convenoit, qu'elle fe montra fur le
champ de bataille. Elle n'avoit à combattre

qu'un ennemi humilié, affoibli, découragé par fes diffentions domeftiques. La faveur des autres nations étoit toute pour elle contre ces maîtres impérieux, ou, comme on le difoit, contre ces tyrans des mers.

Les événemens parurent répondre aux vœux de l'Europe. Les officiers François, qui avoient d'anciennes humiliations à effacer, firent des actions brillantes, dont le fouvenir durera long-tems. Une favante théorie & un courage inébranlable remplacèrent ce qui pouvoit leur manquer du côté de l'expérience. Tous les engagemens particuliers les comblèrent de gloire, & la plupart fe terminèrent à leur avantage. La flotte Britannique courut de plus grands dangers encore que fes vaiffeaux ifolés. Elle étoit maltraitée au point de craindre fa deftruction totale ou partielle, fi la flotte qui l'avoit réduite à cet état prefque défefpéré, à Oueffant, n'eût été determinée par des ordres timides, par d'ódieufes intrigues, par la foibleffe de fes amiraux, ou par tous ces motifs enfemble, à quitter la mer & à rentrer la première dans fes ports.

Dans l'ivreffe de ces fuccès peut-être inattendus, la France parut perdre de vue fes intérêts les plus chers. Son objet principal devoit être d'intercepter le commerce de fes ennemis, de leur couper le double nerf qu'ils tiroient de leurs matelots, de leurs capitaux, & de fapper ainfi les deux fondemens de la grandeur Angloife. Rien n'étoit plus aifé pour une puiffance préparée de loin aux hoftilités, que d'intercepter une navigation marchande entiérement furprife & très-foiblement convoyée. Il n'en fut pas ainfi. Les immenfes richeffes, qu'attendoit la Grande-Bretagne de toutes les parties du globe, entrèrent paifiblement dans fes rades, fans avoir été feulement entamées.

Au contraire, le commerce de la France fut harcelé dans les deux hémifphères, & partout intercepté. Ses colonies virent enlever, fur leurs propres côtes, des fubfiftances qu'elles attendoient avec toute l'impatience du befoin; & la métropole fe vit privée de quatre-vingts ou cent millions arrivés prefque à fa vue. Ces revers avoient une caufe. Tâchons de la découvrir.

La marine Françoife étoit depuis long-
tems malheureufe; & c'étoit au vice de fa
conftitution qu'étoient attribuées tant d'in-
fortunes. On effaya plufièurs fois d'en mo-
difier ou d'en changer les réglemens; mais
ces innovations, bonnes ou mauvaifes, furent
toujours repouffées avec un dédain plus ou
moins marqué. Enfin fes amiraux dictérent
eux-mêmes, en 1776, une ordonnance, qui
les rendant maîtres abfolus des rades, des
arfenaux, des atteliers, des magafins, dé-
truifoit cette mutuelle furveillance que Louis
XIV. avoit crue devoir établir entre les officiers militaires & ceux d'adminiftration. Dès-
lors il n'y eut plus de règle, plus de compta-
bilité, plus d'économie dans les ports. Tout
y tomba dans la confufion & le défordre.

Le nouveau plan eut une influence encore
plus funefte. Jufqu'à cette époque, c'étoit le
miniftère qui avoit dirigé les opérations navales vers le but qui convenoit à fa politique.
Cette autorité paffa, peut-être fans qu'on s'en
apperçût, à ceux qui devoient les exécuter.
Elles prirent infenfiblement la teinte de leurs
préjugés. Ces préjugés leur faifoient croire

que ce n'étoit pas en escortant pesamment,
laborieusement les navires de la nation, en
séjournant dans des croisieres difficiles pour
surprendre ou détruire les bâtimens de l'ennemi, qu'on parvenoit à se faire un nom. Ce
double devoir fut donc entiérement négligé
ou très-mal rempli, d'après l'opinion commune à Brest, qu'un pareil service n'avoit
rien de noble & ne conduisoit à aucune forte
de gloire.

Il faut convenir que ce préjugé est bien
bizarre & entiérement contraire à toutes
les loix de la société. Quel peut avoir été
le but des états en instituant cette force
militaire destinée à parcourir les mers ? N'est-
ce que pour procurer des grades à ceux qui
commandent ou qui servent ? Que pour
leur donner l'occasion d'exercer une valeur
inutile à tout autre qu'à eux-mêmes ? Que
pour ensanglanter un élément de plus par
le carnage & les combats ? Non, sans doute.
Les flottes guerrières font sur l'océan ce que
font les forteresses & les remparts pour les
citoyens des villes, ce que font les armées
nationales pour les provinces exposées aux

ravages dè l'ennemi. Il eſt des propriétés attachées au ſol; il en eſt d'autres créées, tranſportées par le commerce, & qui ſont, pour ainſi dire, errantes ſur l'océan. Ces deux ſortes de propriétés ont beſoin de défenſeurs. Guerriers, voilà votre fonction. Que diroit-on, ſi les armées de terre refuſoient de protéger contre l'ennemi l'habitant dès villes, le laboureur des campagnes, de repouſſer l'embrâſement qui menace les moiſſons? Officiers de marine, vous vous croyez avilis de protéger, d'eſcorter le commerce! Mais ſi le commerce n'a plus de protecteurs, que deviendront les richeſſes de l'état, dont vous demandez ſans doute une part pour récompenſe de vos ſervices? Que deviendront pour vous-mêmes les revenus de vos terres, que le commerce & la circulation des richeſſes peuvent ſeuls rendre fécondes? Vous vous croyez avilis. Quoi, avilis en vous rendant utiles à vos concitoyens? Et que ſont tous les ordres de l'état à qui le gouvernement a confié quelque portion de la force publique, ſinon des protecteurs, des défenſeurs du citoyen &

de fa fortune? Votre pofte eft fur les mers, comme celui du magiftrat fur les tribunaux, celui de l'officier & du foldat de terre dans les camps, celui du monarque même fur le trône, où il ne domine de plus haut que pour voir de plus loin, & embraffer d'un coup d'œil tous ceux qui ont befoin de fa protection & de fa défenfe. Vous afpirez à la gloire. Apprennez que la gloire eft partout où l'on fert l'état. Apprennez que la gloire de conferver vaut encore mieux que celle de détruire. Dans l'antique Rome, fans doute, on aimoit auffi la gloire. Cependant on y préféroit l'honneur d'avoir fauvé un feul citoyen à l'honneur d'avoir égorgé une foule d'ennemis. Quoi, ne voyez-vous pas qu'en fauvant les vaiffeaux du commerce, vous fauvez la fortune de l'état? Oui, votre valeur eft brillante; elle eft connue de l'Europe comme de votre patrie: mais qu'importe à vos concitoyens qu'elle fe foit montrée dans une occafion d'éclat, qu'elle ait enchaîné un vaiffeau ennemi ou couvert de débris & de ruines les vagues de l'océan, fi par votre faute vous avez laiffé périr où enlever tous les navires qui portoient les richeſſes de votre pays, ſi dans ce même port, où vous rentrez victorieux, une multitude de familles deſolées pleurent leur fortune détruite? A votre abord vous n'entendrez pas les cris de la victoire. Tout ſera muet & conſterné, & vos exploits ne feront deſtinés qu'à groſſir les relations des cours, & ces papiers publics, qui, faits pour amuſer l'oiſiveté, ne donnent la gloire qu'un jour, quand cette gloire n'eſt pas gravée dans le cœur des citoyens par le ſouvenir d'une utilité réelle pour la patrie.

Les maximes conſacrées à Portſmouth étoient bien oppoſées. On y ſentoit, on y reſpectoit la dignité du commerce. On s'y faiſoit un devoir comme un honneur de le défendre; & les événemens décidèrent laquelle des deux marines militaires avoit des idées plus juſtes de ſes fonctions.

La Grande-Bretagne venoit d'éprouver des revers très-humilians dans le nouveau-monde. Un ennemi plus puiſſant la menaçoit de plus grands déſaſtres dans l'ancien. Cette ſituation alarmante rempliſſoit tous les es-

prits de défiance & d'incertitude. Les richeffes nationales arrivent. Celles de la
puiffance rivale en groffiffent la maffe énor-
me; & fur le champ le crédit public eft
ranimé; les efpérances renaiffent, & ce
peuple qu'on fe plaifoit à regarder comme
abattu, reprend & foutient fa fierté ordinaire.

D'un autre côté les rades de la France
fe rempliffent de gémiffemens. Une inaction
aviliffante & ruineufe y fuccède à une activité qui leur donnoit de l'éclat & les enri-
chiffoit. L'indignation des négocians fe communique à la nation entière. Les premiers
momens du fuccès font toujours des momens
d'ivreffe qui femblent couvrir les fautes &
les juftifier. Mais le malheur donne plus de
févérité aux jugemens. La nation alors ob-
ferve de plus près ceux qui la gouvernent,
& leur demande compte avec une liberté
fière du dépôt de puiffance & d'autorité qui
leur eft confié. On reproche aux confeils de
Louis XVI d'avoir bleffé la majefté de la
première puiffance du globe en défavouant
à la face de l'univers des fecours qu'on ne
ceffoit de donner clandeftinement aux Amé-

ricains. On leur reproche d'avoir, par une
intrigue de miniftres, ou par l'afcendant de
quelques agens obfcurs, engagé l'état dans
une guerre défaftreufe, tandis qu'il falloit
s'occuper à remonter les refforts du gouvernement, à guérir les longues playes d'un
règne dont toute la dernière moitié avoit
été vile & foible, partagée entre les dépré-
dations & la honte, entre la baffeffe du vice
& les convulfions du defpotifme. On leur
reproche d'avoir provoqué les combats par
une politique infidieufe, de s'être enveloppés
dans des difcours indignes de la France,
d'avoir employé avec l'Angleterre le langagè
d'une audace timide qui femble démentir les
projets qu'on a formés, les fentimens qu'on
a dans fon cœur, langage qui ne peut qu'a-
vilir celui qui s'en fert, fans pouvoir tromper
celui à qui on l'adreffe, & qui dèshonore
fans que ce dèshonneur même puiffe être
utile ni au miniftre, ni à l'état. Combien il
eût été plus noble de dire avec toute la
franchife de la dignité! " Anglois, vous
" avez abufé de la victoire. Voici le mo-
" ment d'être juftes, ou ce fera celui de la

" vengeance. L'Europe eft laffe de fouffrir
" des tyrans. Elle rentre enfin dans fes
" droits. Déformais, ou l'égalité ou la
" guerre. Choififfez." C'eft ainfi que leur
eût parlé ce Richelieu que tous les citoyens,
il eft vrai, doivent haïr, parce qu'il fut un
meurtrier fanguinaire, & que pour être
defpote il affaffina tous fes ennemis avec
la hache des bourreaux: mais que la nation
& l'état doivent honorer comme miniftre,
parce que le premier il avertit la France de
fa dignité, & lui donna dans l'Europe le
ton qui convenoit à fa puiffance. C'eft ainfi
que leur eût parlé ce Louis XIV, qui, pendant quarante ans, fût être digne de fon
fiècle, qui mêla toujours de la grandeur à
fes fautes même, & jufques dans l'abaiffe-
ment & le malheur ne dégrada jamais ni
lui, ni fon peuple. Ah! pour gouverner une
grande nation il faut un grand caractère. Il
ne faut point fur-tout de ces ames indifféren-
tes & froides par légéreté, pour qui l'autorité abfolue n'eft qu'un dernier amufement,
qui laiffent flotter au hafard de grands intérêts, & font plus occupés à conferver le

pouvoir qu'à s'en servir. Pourquoi, demande-
t on encore, pourquoi des hommes qui ont
entre leurs mains toute la puiſſance de
l'état, & qui, pour être obéis, n'ont qu'à
commander, ſe ſont-ils laiſſés prévenir ſur
toutes les mers par un ennemi dont la conſtitution entraîne des lenteurs néceſſaires ?
Pourquoi s'être mis par un traité inconſidéré
dans les fers du congrès qu'on auroit tenu
lui-même dans la dépendance par des ſubſides
abondans & réglés ? Pourquoi enfin n'avoir
pas affermi la révolution en tenant toujours
ſur les côtes ſeptentrionales du nouveau
monde une eſcadre qui protégeât les colonies & fît en même - tems reſpeéter notre
alliance ? Mais l'Europe, qui a les yeux fixés
ſur nous ; voit un grand deſſein & nulles
démarches concertées ; voit dans nos arſe-
naux & ſur nos ports des préparatifs im-
menſes, & nulle exécution ; voit des flottes
menaçantes, & cet appareil rendu preſque
inutile ; l'audace & la valeur dans les particuliers, la moleſſe & l'irréſolution dans
les chefs ; tout ce qui annonce d'un côté la
force & le pouvoir impoſant d'un grand

peuple, tout ce qui annonce de l'autre la foibleſſe & la lenteur qui tiennent au caractère & aux vues. C'eſt par cette contradiction frappante entre nos projets & nos démarches, entre nos moyens & l'eſprit qui les emploie, que le génie Anglois, un moment étonné, a repris ſa vigueur; & juſqu'à préſent c'eſt un problême à réſoudre pour l'Europe, ſi, en nous déclarant pour l'Amérique, nous n'avons pas nous-mêmes relevé les forces de l'Angleterre.

Telles ſont les plaintes qui retentiſſent de toute part, & que nous ne craignons pas de raſſembler ici & de mettre ſous les yeux de l'autorité, ſi elle daigne les entendre ou les lire.

Enfin la philoſophie, dont le premier ſentiment eſt le deſir de voir tous les gouvernemens juſtes & tous les peuples heureux, en portant un coup-d'œil ſur cette alliance d'une monarchie avec un peuple qui défend ſa liberté, en cherche le motif. Elle voit trop que le bonheur de l'humanité n'y a point de part. Elle penſe que ſi l'amour de la juſtice eût décidé la cour de Verſailles, elle

elle auroit arrêté dans le premier article de
fa convention avec l'Amérique, *que tous les
peuples opprimés avoient le droit de s'élever
contre leurs oppreſſeurs.* Mais cette maxime,
qui forme une des loix de l'Angleterre ; dont
un Roi de Hongrie, en montant fur le trône,
ôfa faire une des conſtitutions de l'état ;
qu'un des plus grands princes qui aient régné
fur le monde, Trajan, adopta, lorfqu'en
préfence du peuple Romain aſſemblé, il dit
au premier officier de l'empire, *je te remets
cette épée pour me défendre fi je fuis jufte,
pour me combattre & me punir fi je deviens
tyran :* cette maxime eſt trop étrangère à
nos gouvernemens foibles & corrompus,
où le devoir eſt de fouffrir, & où l'oppri-
mé doit craindre de fentir fon malheur, de
peur d'en être puni comme d'un crime.

Mais c'eſt fur-tout contre l'Efpagne que
font dirigées les plaintes les plus amères. On
la blâme de fon aveuglement, de fes incer-
titudes, de fes lenteurs, quelquefois même
de fon infidélité : accufations toutes mal
fondées.

En voyant la France s'engager fans né-

L

cessité dans une guerre maritime, quelques
politiques imaginèrent que cette couronne se
croyoit assez puissante pour diviser le do-
maine Britannique, sans partager avec un
allié l'honneur de cette importante révolution. On n'examinera pas si l'esprit qui régnoit dans le cabinet de Versailles autorisoit
cette conjecture. Il est aujourd'hui connu
que cette couronne, qui, depuis le commencement des troubles, avoit donné des secours
secrets aux Américains, épioit le moment
propice pour se déclarer ouvertement en leur
faveur. L'évenement de Saratoga lui parut la
circonstance la plus favorable pour proposer
au Roi catholique de faire cause commune
avec elle. Soit que ce prince jugeât alors la
liberté des Etats-Unis contraire à ses intérêts;
soit que la résolution lui parût précipitée;
soit enfin que d'autres objects politiques exi-
geassent toute son attention, il se refusa à
cette ouverture. Son caractère dispensoit de
toute sollicitation nouvelle. Depuis les premières tentatives, on l'occupa si peu de cette
grande affaire, que ce fut sans l'en prévenir
que la cour de Versailles fit signifier à Saint-

James qu'elle avoit reconnu l'indépendance des provinces confédérées.

Cependant les forces de terre & de mer que l'espagne employoit dans le Brésil contre les Portugais étoient revenues. La riche flotte qu'elle attendoit du Mexique étoit entrée dans ses ports. Les trésors qui lui arrivoient du Pérou & de ses autres possessions étoient à couvert. Cette puissance étoit libre de toute inquiétude & maîtresse de ses mouvemens, lorsqu'elle aspira à la gloire de pacifier les deux hémisphères. Sa médiation fut acceptée, & par la France dont la hardiesse n'avoit pas les suites heureuses qu'elle s'en étoit promises, & par l'Angleterre qui pouvoit craindre d'avoir un nouvel adversaire à combattre.

Charles III soutint avec dignité le beau rôle dont il s'étoit chargé. Il prononça qu'on mettroit bas les armes ; que chacune des parties belligérantes seroit maintenue dans les terres qu'elle occuperoit à l'époque de la convention; qu'on formeroit un congrès où seroient discutées les prétentions diverses; & qu'on ne pourroit s'attaquer de nouveau

L'Espagne, n'ayant pas réussi à reconcilier l'Angleterre & l France, se déclare pour cette dernière puissance.

veau qu'après s'être averti un an d'avance.

Ce monarque ne fe diffimuloit pas que cet arrangement donnoit à la Grande-Bretagne la facilité de fe réconcilier avec fes colonies, ou du-moins de leur faire acheter par de grands avantages pour fon commerce le facrifice des ports qu'elle occupoit au milieu d'elles. Il ne fe diffimuloit pas qu'il bleffoit la dignité du Roi fon neveu qui s'étoit engagé à maintenir les Etats-Unis dans l'intégrité de leur territoire. Mais il vouloit être jufte; & fans l'oubli de toutes les confidérations perfonnelles, on ne l'eft point.

Ce plan de conciliation déplut à Verfailles; & l'on n'y fut un peu raffuré que par l'efpoir qu'il feroit rejetté à Londres. C'eft ce qui arriva. L'Angleterre ne put fe déterminer à reconnoître les Américains indépendans de fait; quoiqu'ils ne fuffent pas appellés aux conférences qui alloient s'ouvrir; quoique la France ne pût pas négocier pour eux; quoique leurs intérêts duffent être uniquement foutenus par un médiateur qui ne leur étoit attaché par aucun traité, & qui, peut-être au fond de fon cœur, n'en defiroit pas la profpérité; quoique fon refus la menaçat d'un ennemi de plus.

C'eft dans une circonftance pareille; c'eft lorfque la fierté élève les ames au-deffus de la terreur; qu'on ne voit rien de plus à redouter que la honte de recevoir la loi, & qu'on ne balance pas à choifir entre la ruine & le déshonneur: c'eft alors que la grandeur d'une nation fe déploie. J'avoue toutefois que les hommes accoutumés à juger des chofes par l'événement, traitent les grandes & périlleufes réfolutions d'héroïfme ou de folie, felon le bon ou le mauvais fuccès qui les ont fuivies. Si donc on me demandoit quel eft le nom qu'on donnera dans quelques années à la fermeté que les Anglois ont montrée dans ce moment, je répondrois que je l'ignore. Quant à celui qu'elle mérite, je le fais. Je fais que les annales du monde ne nous offrent que rarement l'augufte & majeftueux fpectacle d'une nation qui aime mieux renoncer à fa durée qu'à fa gloire.

Le miniftère Britannique ne fe fut pas plutôt expliqué, que la cour de Madrid

époufa la querelle de celle de Verfailles,
& par conféquent celle des Américains.
L'Efpagne avoit alors foixante-trois vaiffeaux
de ligne & fix en conftruction. La France
en avoit quatre-vingts, & huit fur les chan-
tiers. Les Etats-Unis n'avoient que douze
frégates : mais un grand nombre de corfaires.

A tant de forces réunies, l'Angleterre
n'oppofoit que quatre-vingt-quinze vaiffeaux
de ligne & vingt-trois en conftruction. Les
feize qu'on voyoit de plus dans fes ports
étoient hors de fervice, & on les avoit
convertis en prifons ou en hôpitaux. Inférieure en inftrumens de guerre, cette puiffance l'étoit encore plus en moyens de tous
les genres pour les employer. Ses diffentions domeftiques énervoient encore ce qui
lui reftoit de reffources. Il eft de la nature
des gouvernemens vraiment libres d'être
agités pendant la paix. C'eft par ces mouvemens inteftins que les efprits confervent
leur énergie & le fouvenir toujours préfent
des droits de la nation. Mais dans la guerre,
il faut que toute fermentation ceffe, que
les haînes foient étouffées, que les intérêts

fe confondent & fe fervent les uns les autres.
Il, en arriva tout autrement dans les Ifles
Britanniques. Les troubles n'y furent jamais
plus violens. Les prétentions oppofées ne
fe montrèrent dans aucune circonftance avec
moins de ménagement. Le bien général fut
infolemment foulé aux pieds par l'une & par
l'autre faction. Ces chambres où l'on avoit
autrefois difcuté les queftions les plus impor-
tantes avec éloquence, avec force, avec
dignité, ne retentirent plus que des clameurs de la rage, que des infultes les plus
groffières, que d'altercations auffi nuifibles
qu'indécentes. Le peu qui reftoit de citoyens
appelloient à grands cris un nouveau Pitt,
un miniftre qui comme lui n'eût *ni parens
ni amis:* mais cet homme extraordinaire ne
fe montroit pas. Auffi penfa-t-on affez
généralement que ce peuple fuccomberoit,
malgré la fierté de fon caractère, malgré
l'expérience de fes amiraux, malgré l'audace de fes hommes de mer, malgre l'énergie que doit acquérir une nation libre dans
les fecouffes qu'elle éprouve.

Mais l'empire du hafard eft bien étendu.

Qui fait pour quel parti les élêmens fe de-
clareront! Un coup de vent arrache ou
donne la victoire. Un coup de canon décon-
certe une armée entière par la mort d'un
général. Des fignaux, ou ne font pas enten-
dus, ou ne font pas obéis. L'expérience,
le courage, l'habileté font croifés pas l'igno-
rance, par la jaloufie, par une trahifon,
par la certitude de l'impunité. Une brume
qui furvient & qui couvre les deux ennemis,
ou les fépare, ou les confond. Le calme
& la tempête font également favorables ou
nuifibles. Les forces font coupées en deux
par l'inégale célérité des vaiffeaux. Le moment eft manqué, ou par la pufillanimité qui
différe, ou par la témérité qui fe hâte. Des
plans auront été formés avec fageffe : mais
ils refteront fans effet par le défaut de
concert dans les mouvemens de l'exécution. Un ordre inconfidéré de la cour décide
du malheur d'une journée. La difgrace ou
le décès d'un miniftre change les projets.
Eft-il poffible qu'une union étroite puiffe
long - tems fubfifter entre des confédérés
d'un caractère auffi oppofé que le François

emporté, dédaigneux & léger; l'Espagnol lent, hautain, jaloux & froid; l'Américain qui tient secrétement ses regards tournés vers sa mère-patrie & qui se réjouiroit des désastres de ses alliés, s'ils étoient compatibles avec son indépendance? Ces nations, soit qu'elles agissent séparément, soit qu'elles agissent de concert, tarderont-elles à s'entr'accuser, à se plaindre & à se brouiller? Leur plus grand espoir ne seroit-il pas que des revers multipliés ne feroient tout au plus que les replonger dans l'état humiliant dont elles vouloient sortir & affermir le sceptre des mers dans les mains de la Grande-Bretagne; tandis qu'une ou deux défaites considérables feroient descendre pour jamais ce peuple ambitieux du rang des premières puissances de cet hémisphère?

Qui peut donc décider, qui peut même prévoir quel sera l'événement? La France & l'Espagne réunies ont pour elles des moyens puissans; l'Angleterre, l'art de diriger les siens. La France & l'Espagne ont leurs trésors; l'Angleterre un grand crédit national. D'un côté la multitude des hommes &

le nombre des troupes; de l'autre la supé-
riorité dans l'art de conduire les vaiffeaux
& d'affujettir la mer dans les combats. Ici,
l'impétuofité & la valeur; là, & la valeur
& l'expérience. Dans un parti, l'activité
que peut donner aux deffeins la monarchie
abfolue; dans l'autre la vigueur & le reffort
que donne la liberté. Ici, le reffentiment
des pertes & de longs outrages à venger;
là, le fouvenir d'une gloire récente & la
fouveraineté de l'Amérique, comme celle de
l'océan à conferver. Les deux nations alliées
ont cet avantage que donne la réunion de
deux vaftes puiffances mais l'inconvénient
qui réfulte de cette union même, par la diffi-
culté de l'harmonie & de l'accord, foit dans
les deffeins, foit dans l'emploi des forces;
l'Angleterre eft abandonnée à elle-même,
mais n'ayant à diriger que fa propre force,
elle a l'avantage de l'unité dans les deffeins,
d'une combinaifon plus fure & peut-être
plus prompte dans les idées: elle peut plus
aifément fubordonner à une feule vue fes
plans d'attaque & de défenfe.

Pour avoir une balance exacte, il faut

encore peſer la différente énergie que peut
communiquer aux nations rivales une guerre,
qui d'un côté n'eſt à beaucoup d'égards,
qu'une guerre de rois & de miniſtres; qui
de l'autre eſt une guerre vraiment nationale, où il s'agit pour l'Angleterre de ſes
plus grands intérêts, d'un commerce qui
fait ſa richeſſe, d'un empire & d'une gloire
qui font ſa grandeur.

Enfin ſi l'on conſidére l'eſprit de la nation
Françoiſe, oppoſé à celui de la nation qu'elle
combat, on verra que l'ardeur du François
eſt peut-être également prompte à s'allumer
& à s'éteindre; qu'il eſpére tout lorſqu'il
commence, qu'il déſeſpère de tout dès qu'il
eſt arrêté par un obſtacle; que par ſon caractère il a beſoin de l'enthouſiaſme des ſuccès
pour obtenir des ſuccès nouveaux: que l'Anglois, au contraire, moins préſomptueux
d'abord malgré ſa hardieſſe naturelle, ſait,
quand il le faut, lutter avec courage, s'élever
avec le danger & s'affermir par la diſgrace:
ſemblable à ce chêne robuſte auquel Horace
compare les Romains, qui, frappé par la
hache & mutilé par le fer, renaît ſous les

coups qu'on lui porte, & tire une vigueur nouvelle de ses blessures même.

L'histoire nous apprend encore que peu de ligues se font partagées les dépouilles de la nation contre laquelle elles se sont formées. Athènes victorieuse de la Perse; Rome sauvée d'Annibal; dans les tems modernes, Venise échappée à la fameuse ligue de Cambrai; & de nos jours même, la Prusse qui par le génie d'un homme a su tenir tête à l'Europe, ont droit de suspendre notre jugement sur l'issue de la guerre présente.

Mais supposons que la maison de Bourbon ait les avantages dont elle a pu se flatter. Quelle doit être sa conduite?

La France est sous tous les points de vue l'empire le plus fortement constitué, dont le souvenir se soit conservé dans les annales du monde. Sans pouvoir lui être comparée, l'Espagne est aussi un état d'un grand poids, & ses moyens de prospérité augmentent tous les jours. Le soin le plus important de la maison de Bourbon doit donc être de se faire pardonner par ses voisins les avantages qu'elle tient de la nature qu'elle

Quelle it être politi-e de la aison de Bourbon, elle est ctorieu-

doit à l'art, ou que les événemens lui ont donnés. Si elle cherchoit à augmenter fa fupériorité, l'alarme feroit générale, & l'on fe croiroit menacé d'un efclavage univerfel. C'eft peut-être beaucoup que les nations ne l'aient pas encore traverfée dans fes projets contre l'Angleterre. Le reffentiment que les injuftices & les hauteurs de cette ifle fuperbe ont infpiré par-tout, doit être la caufe de cette inaction. Mais la haîne fe tait, lorfque l'intérêt fe montre. Il eft poffible que l'Europe juge contraire à fa fûreté l'affoibliffement de la Grande-Bretagne dans l'ancien & le nouvel hémifphère; & qu'après avoir joui des humiliations, des dangers de cette puiffance orgueilleufe & tyrannique, elle prenne enfin les armes pour la défendre. S'il en étoit ainfi, les cours de Verfailles & de Madrid fe verroient déchues de l'efpoir qu'elles ont conçu d'une prépondérence décidée fur le globe. Ces confidérations doivent les déterminer à preffer les attaques, & à ne pas laiffer à une politique prévoyante ou fimplement jaloufe, le tems de faire de nouvelles combinaifons. Qu'elles s'arrêtent fur-tout à propos, & qu'un defir immodéré d'abattre leur ennemi commun ne les aveugle pas fur leurs véritables intérêts.

Les Etats-Unis ont montré à découvert le projet d'attirer à leur confédération toute l'Amérique feptentrionale. Plufieurs démarches, celle en particulier d'inviter les peuples du Canada à la rébellion, ont dû faire croire que c'étoit auffi le vœu de la France. On peut foupçonner l'Efpagne d'avoir également adopté cette idée.

La conduite des provinces qui ont fecoué le joug de la Grande-Bretagne eft fimple, & telle qu'il falloit l'attendre. Mais leurs alliés ne manqueroient-ils pas de prévoyance, s'ils avoient réellement le même fyftême?

Le nouvel hémifphère doit fe détacher un jour de l'ancien. Ce grand déchirement eft préparé en Europe par la fermentation & le choc de nos opinions; par le renverfement de nos droits, qui faifoient notre courage; par le luxe de nos cours & la mifère de nos campagnes; par la haine, à jamais durable, entre des hommes laches qui poffèdent tout, & des hommes robuftes;

vertueux même, qui n'ont plus rien à perdre que la vie. Il est préparé en Amérique par l'accroiſſement de la population, des cultures, de l'induſtrie & des lumières. Tout achemine à cette ſciſſion, & les progrès d'un mal dans un monde, & les progrès du bien dans l'autre.

Mais peut-il convenir à l'Eſpagne & à la France, dont les poſſeſſions dans le nouvel hémiſphère ſont une ſource inépuiſable de richeſſes; leur peut-il convenir de précipiter ce déchirement? Or, c'eſt ce qui arriveroit, ſi tout le nord de ces régions étoit aſſujetti aux mêmes loix, ou lié par des intérêts communs.

A peine la liberté de ce vaſte continent feroit-elle aſſurée, qu'il deviendroit l'aſyle de tout ce qu'on voit parmi nous d'hommes intrigans, ſéditieux, flétris ou ruinés. La culture, les arts, le commerce, ne feroient pas la reſſource des réfugies de ce caractère. Il leur faudroit une vie moins laborieuſe & plus agitée. Ce gènie, également éloigné du travail & du repos, ſe tourneroit vers les conquêtes; & une paſſion qui a tant d'attraits fubjugeroit aiſſement les premiers colons, détournés de leurs anciens travaux par une longue guerre. Le nouveau peuple auroit achevé les préparatifs de ſes invaſions, avant que le bruit en eût été porté dans nos climats. Il choiſiroit ſes ennemis, le champ & le moment de ſes victoires. Sa foudre tomberoit toujours ſur des mers ſans défenſe, ou ſur des côtes priſes au dépourvu. Dans peu, les provinces du midi deviendroient la proie de celles du nord & ſuppléeroient, par la richeſſe de leurs productions à la médiocrité des leurs. Peut-être même, les poſſeſſions de nos monarchies abſolues brigueroient-elles d'entrer dans la confédération des peuples libres, ou ſe détacheroient-elles de l'Europe pour n'appartenir qu'à elles-mêmes.

Le parti que doivent prendre les cours de Madrid & de Verſailles, s'il leur eſt libre de choiſir, c'eſt de laiſſer ſubſiſter dans le nord de l'Amérique deux puiſſances qui s'obſervent, qui ſe contiennent, qui ſe balancent. Alors des ſiècles s'écouleront, avant que l'Angleterre & les républiques formées à ſes

dépens

dépens fe rapprochent. Cette défiance réci-
proque les empêchera de rien entreprendre
au loin ; & les établiffemens des autres nations, dans le nouveau-monde, jouiront
d'une tranquillité, qui jufqu'à nos jours a
été fi fouvent troublée.

C'eft même vraifemblablement, c'eft l'ordre des chofes qui conviendroit le mieux aux
provinces confédérées. Leurs limites refpec-
tives ne font pas réglées. Il régne une grande
jaloufie entre les contrées du nord & celles
du midi. Les principes politiques varient
d'une rivière à l'autre. On remarque de
grandes animofités entre les citoyens d'une
ville, entre les membres d'une famille. Chacun voudra éloigner de foi le fardeau acca-
blant des dépenfes & des dettes publiques.
Mille germes de divifions couvent généralement dans le fein des Etats-Unis. Les dangers une fois difparus, comment arrêter l'ex-
plofion de tant de mécontentemens ? Comment tenir attachés à un même centre tant
d'efprits égarés, tant de cœurs aigris ? Que
les vrais amis des Américains y réfléchiffent,
& ils trouveront que l'unique moyen de pré-

venir les troubles parmi ces peuples, c'eſt
de laiſſer ſur leurs frontières un rival puiſſant
& toujours diſpoſé à profiter de leurs diſſenſions.

Il faut la paix & la ſureté aux monarchies, il faut des inquiétudes & un ennemi
à redouter pour les républiques. Rome
avoit beſoin de Carthage; & celui qui
détruiſit la liberté Romaine, ce ne fut, ni
Sylla, ni Céſar, ce fut le premier Caton,
lorſque ſa politique étroite & farouche ôta
une rivale à Rome, en allumant dans le
ſénat les flambeaux qui mirent Carthage en
cendre. Veniſe elle-même, depuis quatre
cens ans, peut-être, eût perdu ſon gouvernement & ſes loix, ſi elle n'avoit à ſa
porte & preſque ſous ſes murs des voiſins
puiſſans qui pourroient devenir ſes ennemis
ou ſes maîtres.

Quelle idée il faut ſe former des treize provinces confédé-rées.

Mais dans cette combinaiſon à quel degré
de félicité, de ſplendeur & de force pourront avec le tems s'élever les provinces
confédérées?

Ici, pour bien juger, commençons d'a-
bord par écarter l'intérêt que toutes les

ames, fans en excepter celles des efclaves, ont pris aux généreux efforts d'une nation qui s'expofoit aux plus effrayantes calamités pour être libre. Le nom de liberté eft fi doux, que tous ceux qui combattent pour elle, font fûrs d'intéreffer nos vœux fecrets. Leur caufe eft celle du genre-humain tout entier; elle devient la nôtre. Nous nous vengeons de nos oppreffeurs, en exhalant du-moins en liberté notre haîne contre les oppreffeurs étrangers. Au bruit des chaînes qui fe brifent, il nous femble que les nôtres vont devenir plus légères; & nous croyons quelques momens refpirer un air plus pur, en apprenant que l'univers compte des ty- rans de moins. D'ailleurs ces grandes révo- lutions de la liberté font des leçons pour les defpotes. Elles les avertiffent de ne pas compter fur une trop longue patience des peuples & fur une éternelle impunité. Ainfi, quand la fociété & les loix fe vengent des crimes des particuliers, l'homme de bien efpère que le châtiment des coupables peut prévenir de nouveaux crimes. La terreur quelquefois tient lieu de juftice au brigand,

& de confcience à l'affaffin. Telle eft la
fource de ce vif intérêt que font naître en
nous toutes les guerres de liberté. Tel a été
celui que nous ont infpiré les Américains.
Nos imaginations fe font enflammées pour
eux. Nous nous fommes affociés à leurs
victoires & à leurs défaites. L'efprit de juftice qui fe plaît à compenfer les malheurs
paffés par un bonheur à venir, fe plaît à
croire que cette partie du nouveau monde
ne peut manquer de devenir une des plus
floriffantes contrées du globe. On va jufqu'à
craindre que l'Europe ne trouve un jour
fes maîtres dans fes enfans. Ofons réfifter
au torrent de l'opinion & à celui de l'enthoufiafme public. Ne nous laiffons point
égarer par l'imagination qui embellit tout,
par le fentiment qui aime à fe créer des
illufions & réalife tout ce qu'il efpére. Notre
devoir eft de combattre tout préjugé, même
celui qui feroit le plus conforme au vœu de
notre cœur. Il s'agit avant tout d'être vrai,
& de ne pas trahir cette confcience pure &
droite qui préfide à nos écrits & nous dicte
tous nos jugemens. Dans ce moment,

peut-être, nous ne ferons pas crus: mais
une conjecture hardie qui se vérifie au bout
de plusieurs siècles fait plus d'honneur à
l'historien, qu'une longue suite de faits dont
le récit ne peut être contesté; & je n'écris
pas seulement pour mes contemporains qui
ne me survivront que de quelques années.
Encore quelques révolutions du soleil : eux
& moi, nous ne ferons plus. Mais je livre
mes idées à la postérité & au tems. C'est
à eux à me juger.

L'espace occupé par les treize républiques
entre les montagnes & la mer, n'est que de
soixante-sept lieues marines ; mais sur la côte
leur étendue est en ligne droite de trois cens
quarante-cinq depuis la rivière de Sainte-
Croix jusqu'à celle de Savannah.

Dans cette région, les terres sont presque
généralement mauvaises ou de qualité médiocre.

Il ne croît guère que du mais dans les
quatre colonies les plus septentrionales.
L'unique ressource de leurs habitans, c'est
la pêche, dont le produit annuel ne s'élève
pas au-dessus de six millions de livres.

Le bled foutient principalement les provinces de New-York, de Jerfey & de Penfilvanie. Mais le fol s'y eft fi rapidement deterioré, que l'acre qui donnoit autrefois jufqu'à foixante boiffeaux de froment, n'en produit plus vingt que fort rarement.

Quoique les campagnes du Maryland & de la Virginie foient fort fupérieures à toutes les autres, elles ne peuvent être regardées comme très-fertiles. Les anciennes plantations ne rendent que le tiers du tabac qu'on y récoltoit autrefois. Il n'eft pas poffible d'en former beaucoup de nouvelles; & les cultivateurs ont été réduits à tourner leurs travaux vers d'autres objets.

La Caroline feptentrionale produit quelques grains, mais d'une qualité fi inférieure, qu'ils font vendus vingt-cinq ou trente pour cent de moins que les autres dans tous les marchés.

Le fol de la Caroline méridionale & de la Géorgie, eft parfaitement uni jufqu'à cinquante milles de l'océan. Les pluies exceffives qui y tombent ne trouvant point d'écoulement, forment de nombreux marais où le riz eſt cultivé au grand détriment des hommes libres & des eſclaves occupés de ce travail. Dans les intervalles que laiſſent ces amas d'eau ſi multipliés, croît un indigo inférieur qu'il faut changer de place chaque année. Lorſque le pays s'élève, ce ne ſont plus que des ſables rébelles ou d'affreux rochers, coupés de loin en loin par des pâturages de la nature du jonc.

Le gouvernement Anglois ne pouvant ſe diſſimuler que l'Amérique ſeptentrionale ne l'enrichiroit jamais par les productions qui lui étoient propres, imagina le puiſſant reſſort des gratifications, pour créer dans cette partie du nouveau-monde de lin, la vigne, la ſoie. La pauvreté du ſol repouſſa la première de ces vues; le vice du climat s'oppoſa au ſuccès de la ſeconde; & le défaut de bras ne permit pas de ſuivre la troiſième. La ſociété établie à Londres pour l'encouragement des arts, ne fut pas plus heureuſe que le miniſtère. Ses bienfaits ne firent éclorre aucun des objets qu'elle avoit propoſés à l'activité & à l'induſtrie de ces contrées.

Il fallut que la Grande-Brétagne ſe comtentât de vendre chaque année aux contrées qui nous occupent pour environ cinquante millions de marchandifes. Ceux qui les con-fommoient lui livroient exclufivement leurs indigos, leurs fers, leurs tabacs & leurs pelleteries. Ils lui livroient ce que le refte du globe leur avoit donné d'argent & de matières premières, en échange de leurs bois, de leurs grains, de leur poiffon, de leur riz, de leurs falaifons. Cependant la balance leur fut toujours fi défavorable, que lorfque les troubles commencèrent, les co-lonies devoient cent vingt ou cent trente millions à leur métropole; & qu'elles n'a-voient point de métaux en circulation.

Malgré ces défavantages, il s'étoit fucces-fivement formé dans le fein des treize pro-vinces une population de 2,981,678 per-fonnes, en y comprenant quatre cens mille noirs. L'oppreffion & l'intolérance y pous-foient tous les jours de nouveaux habitans. La guerre a fermé ce refuge aux malheureux : mais la paix le leur rouvrira; & ils s'y ren-dront en plus grand nombre que jamais. Ceux qui y pafferont avec des projets de culture

n'auront pas toute la satisfaction qu'ils se
feront promise ; parce qu'ils trouveront les
bonnes terres, les médiocres même, toutes
occupées ; & qu'on n'aura guère à leur offrir
que des sables stériles, des marais mal-sains
ou des montagnes escarpées. L'émigration
sera plus favorable aux manufacturiers &
aux artistes, sans que peut-être ils aient rien
gagné à changer de patrie & de climat.

On ne détermineroit pas sans témérité
quelle pourra être un jour la population des
Etats-Unis. Ce calcul, assez généralement
difficile, devient impraticable pour une région dont les terres dégénèrent très-rapi-
dement, & où la mesure des travaux & des
avances n'est pas celle de la reproduction.
Si dix millions d'hommes trouvent jamais
une subsistance assurée dans ces provinces,
ce sera beaucoup. Alors même les exportations se réduiront à rien ou à fort peu de
chose : mais l'industrie intérieure remplacera
l'industrie étrangère. A peu de chose près, le
pays pourra se suffire à lui-même, pourvu
que ses habitans sachent être heureux par
l'économie & la médiocrité.

Peuples de l'Amérique septentrionale, que l'exemple de toutes les nations qui vous ont précédés, & sur-tout que celui de la mère-patrie vous instruise. Craignez l'affluence de l'or qui apporte avec le luxe la corruption des mœurs, le mépris des loix ; craignez une trop inégale répartition des richesses qui montre un petit nombre de citoyens opulens & une multitude de citoyens dans la misère ; d'où naît l'insolence des uns & l'avilissement des autres. Garantissez-vous de l'esprit de conquête. La tranquillité de l'empire diminue à mesure qu'il s'étend. Ayez des armes pour vous défendre ; n'en ayez pas pour attaquer. Cherchez l'aisance & la santé dans le travail ; la prospérité dans la culture des terres & les atteliers de l'industrie ; la force dans les bonnes mœurs & dans la vertu. Faites prospérer les sciences & les arts qui distinguent l'homme policé de l'homme sauvage. Sur-tout veillez à l'éducation de vos enfans. C'est des écoles publiques, n'en doutez pas, que sortent les magistrats éclairés, les militaires instruits & courageux, les bons pères, les bons maris: les bons frères, les bons amis, les hommes de biens. Par-tout où l'on voit la jeuneſſe ſe dépraver, la nation eſt ſur ſon déclin. Que la liberté ait une baſe inébranlable dans la ſageſſe de vos conſtitutions, & qu'elle ſoit l'indeſtruCtible ciment qui lie vos provinces entre elles. N'établiſſez aucune préférence légale entre les cultes. La ſuperſtition eſt innocente par-tout où elle n'eſt ni protégée, ni perſécutée; & que votre durée ſoit, s'il ſe peut, égale à celle du monde.

F I N.

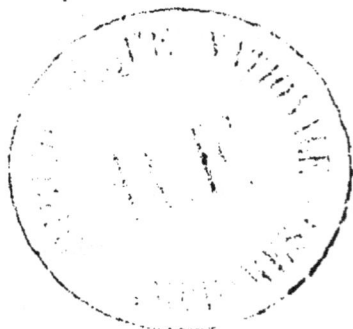

www.ingramcontent.com/pod-product-compliance
Lightning Source LLC
Chambersburg PA
CBHW072030080426
42733CB00010B/1845